ESTHÉTIQUE ET MÉTAPHYSIQUE

Dans Le Livre de Poche :

LE FONDEMENT DE LA MORALE

ÉTHIQUE ET POLITIQUE

Collection dirigée par Jean-François Balaudé

ARTHUR SCHOPENHAUER

Esthétique et métaphysique

TRADUCTION D'AUGUSTE DIETRICH
REVUE ET CORRIGÉE PAR
ANGÈLE KREMER-MARIETTI

INTRODUCTION ET NOTES PAR ANGÈLE KREMER-MARIETTI

LE LIVRE DE POCHE
Classiques de la philosophie

ESTHÉTIQUE ET MÉTAPHYSIQUE SCHOPENHAUÉRIENNES

Pour comprendre les trois textes extraits des *Parerga et paralipomena* (1851), que nous publions sous le titre d'ensemble *Esthétique et métaphysique*, il faut connaître certaines notions fondamentales propres à la philosophie de leur auteur Arthur Schopenhauer (1788-1860).

Rappelons quelques éléments éclairants de la biographie de Schopenhauer. Son œuvre principale à laquelle il travaillait depuis 1817, *Le Monde comme volonté et comme représentation*, parut en 1819 mais n'obtint guère de lecteurs. Retour d'Italie où il venait de faire un séjour, Schopenhauer enseigna à l'université de Berlin, durant la seule année 1820. En effet, il fut vite déçu par le peu de succès des cours qu'il y donna à titre de *Privat-dozent*, tandis qu'à ses côtés la notoriété de Hegel, qui était alors son éminent collègue, allait grandissant. Aussi Schopenhauer abandonna-t-il l'enseignement pour un voyage à Munich et, de nouveau, en Italie, à Florence, en 1822. Les vers de Goethe qu'il cite permettent d'évoquer cette désagréable expérience :

C'est ainsi que je me suis torturé assidûment,
Sans connaisseurs et sans élèves[1].

---

1. Voir ci-après, p. 157

Il revint à Berlin pour mener une vie studieuse jusqu'en 1831, année d'une épidémie de choléra dans cette ville. Dès cette époque, Schopenhauer s'installa à Francfort où il continua régulièrement ses travaux en agrémentant son séjour de sorties au théâtre et de réceptions à sa table d'hôte. La publication, en 1851, des *Parerga* changea sa vie : il était désormais apprécié de ses contemporains et entouré d'une cohorte de disciples.

Les textes qui suivent dont les titres sont par eux-mêmes éloquents exigent une explication. La première dissertation, *Spéculation transcendante sur l'apparente préméditation qui règne dans la destinée de chacun*, traite de la Providence ainsi que de la voyance, en les justifiant par tout ce qu'implique la notion de Volonté. C'est pourquoi nous explicitons, en priorité, cette notion schopenhauérienne, étant donné qu'elle n'a rien de commun avec ce que le terme de volonté peut généralement signifier dans le langage ordinaire. L'alliance, intime et occulte, de la destinée humaine et de cette notion particulière de la Volonté est assimilée par Schopenhauer à une croyance répandue : c'est tout à la fois le thème et la thèse du premier texte de ce volume : nous abordons cette question dans une première partie de cette introduction.

Le second texte de Schopenhauer, *Pensées se référant sous tout rapport d'une manière générale à l'intellect*, insiste sur la différence existant entre la Volonté et l'intellect : nous traitons donc ensuite ce second point qui touche à la connaissance. La distinction entre Volonté et intellect est fondamentale comme le montre Schopenhauer quand il écrit dans le Supplément au Livre deuxième du *Monde* : « la volonté est la substance de l'homme, l'intellect en est l'accident ; la volonté est la matière, l'intellect la forme »[1]. L'ana-

1. Cf. *Le Monde comme volonté et comme représentation*, traduit en français par A. Burdeau, Nouvelle édition revue et corrigée par Richard Roos, Paris, Presses Universitaires de France, 1966.

lyse de l'intellect donne également à Schopenhauer l'occasion d'opposer le *génie* au *talent* :

« Le *talent* travaille pour l'argent et la gloire ; par contre, le mobile qui pousse le *génie* à l'élaboration de ses œuvres n'est pas si facile à indiquer. [...] C'est plutôt un instinct tout particulier, qui pousse l'individu génial à exprimer ce qu'il voit et ce qu'il sent en œuvres durables, sans avoir besoin pour cela d'être conscient d'un autre motif. En somme, la chose se produit en vertu de la même nécessité qui force l'arbre à donner ses fruits, et n'exige du dehors qu'un sol sur lequel l'individu puisse prospérer » [1].

Quant à la troisième dissertation intitulée *Esthétique et métaphysique du beau*, on peut la considérer comme un prolongement direct de la précédente parce que, en considérant la spécificité des œuvres d'art, elle fait appel au *génie* ou à l'*intellect génial*. Il ne s'agit plus maintenant de *croyance* ni de *connaissance* à proprement parler, mais de *contemplation*. Pour Schopenhauer, toute la métaphysique s'accomplit dans la métaphysique du beau que permet la contemplation de l'*Idée*. Cette dernière est comprise au sens platonicien : « cette conception exige qu'en contemplant un objet, je fasse réellement abstraction de sa place dans le temps et dans l'espace, et, en conséquence, de son individualité. » [2]

Volonté et destinée

Schopenhauer est l'auteur d'une conception originale de la Volonté. Ce qu'il nomme « Volonté » présente une double caractéristique. Il désigne par ce

---

Notre sigle MVR. Supplément au Livre Deuxième, MVR, trad., p. 898.

1. Voir ci-après, p. 156-157. **2.** Voir ci-après, p. 166.

terme tout à la fois une *chose en-soi*[1] et un *désir aveugle*[2]. Comme chose en-soi, la Volonté peut être le caractère intelligible de tout individu humain : elle est un être métaphysique échappant à la connaissance humaine. Notons que la notion de *caractère intelligible* est une notion kantienne ; Schopenhauer reprend également à son compte la notion kantienne de *chose en-soi* inconnaissable, à laquelle Kant opposait le *phénomène* connaissable. Selon Kant, en effet, toute chose n'était connaissable qu'à travers son phénomène — le terme « phénomène » signifiant ce qui « apparaît », d'après le sens du terme grec *phainomenon* - ; la même chose, considérée, au contraire, *en elle-même* c'est-à-dire en tant qu'*elle n'apparaît pas*, devait inévitablement échapper à la connaissance par son caractère *en-soi*, par principe inaccessible à l'esprit humain. Schopenhauer s'éloigne absolument de la conception kantienne de l'*en-soi* quand, en outre, il fait de la Volonté un *désir aveugle*. Il veut dire alors qu'elle est, en même temps qu'un *en-soi*, une entité dénuée de toute conscience[3], et qui agit dans le monde : il voit en elle « l'essentiel de l'univers »[4]. Cette double réalité métaphysique et inconsciente, qu'il affirme être une et immuable, le philosophe la conçoit tout à la fois comme l'*essence*[5] et comme la *substance*[6] de l'homme. Schopenhauer est donc parti de l'idée qu'il s'est faite de la Volonté : d'une part, elle est pour tous

---

1. MVR, trad. p. 229. Voir aussi MVR, IV, §. 55, trad., p. 350 : « la volonté étant la chose même en-soi ». **2.** *Ibid.* : « La volonté, la volonté sans intelligence (en-soi, elle n'est point autre), désir aveugle, irrésistible, telle que nous la voyons se montrer encore dans le monde brut, [...], arrive à savoir ce qu'elle veut, à savoir ce qu'est ce qu'elle veut ; c'est ce monde même, c'est la vie, telle justement qu'elle se réalise là. » **3.** Supplément au Livre Deuxième, MVR, trad., p. 897. **4.** *Ibid.* **5.** *Ibid.* : « La volonté, comme chose en-soi, constitue l'essence intime, vraie et indestructible de l'homme. » **6.** Supplément au Livre Deuxième, MVR, trad., p. 898.

les hommes, « le fond en-soi de leur nature phénoménale »[1], et, d'autre part, elle est aussi dans le monde brut comme dans la partie végétative de notre corps, « désir aveugle, irrésistible »[2].

Ainsi caractérisée, cette Volonté s'impose à la pensée philosophique de Schopenhauer, non seulement en tant que *chose en-soi* insaisissable mais encore en tant que *phénomène*. Ce désir, aveugle aussi bien à lui-même qu'à nous-mêmes, et qui nous est donc *a priori* inconnu, est néanmoins saisissable par l'être humain à travers certains indices de l'existence que Schopenhauer précise dans les textes que nous publions, ou encore du fait de certaines données observables, telles que les organismes vivants.

L'œuvre centrale du philosophe, *Le Monde comme volonté et comme représentation*, s'attache à distinguer nettement tout ce qui relève de la *représentation* et tout ce qui relève de la *volonté*. Car cette Volonté tend à s'*objectiver* dans le monde ; aussi peut-elle paraître à notre représentation grâce à ce passage par l'objectivation, qui part d'un état de la Volonté inaperçu de nous pour aller vers un état que nous pouvons nous représenter, c'est-à-dire percevoir et donc connaître. Inversement, tout ce que nous observons dans le monde ne peut être que le résultat de l'objectivation de la Volonté.

Pour qui s'initie à la philosophie de Schopenhauer deux questions pouvaient se poser : 1. *comment* — ou *selon quels modes* — cette Volonté s'objective-t-elle dans le monde ? 2. Une fois *objectivée*, comment cette Volonté peut-elle ensuite *nous apparaître* ? Ces questions concernent, d'une part, la réalité de l'objectivation qui échappe à notre perception ordinaire, et, d'autre part, nos modes d'appréhension relatifs à cette

---

1. MVR, Critique de la philosophie kantienne, trad. p. 633. **2.** MVR, IV, §. 55, trad., p. 350.

réalité. Si, comme *en-soi*, la Volonté nous échappe à jamais, comme *en-soi* doublé d'un *désir aveugle*, cette Volonté parvient à s'objectiver et, de ce fait, il nous est possible de la saisir dans notre représentation. Dès lors, nous pouvons la connaître au moins dans ses manifestations. Telles sont donc les premières questions concernant la Volonté telle que Schopenhauer la concevait. La suite de notre exposé entre dans les détails de cette explicitation.

*

Il faut savoir que la *volonté* se rend immédiatement visible à nous dans les organismes vivants. Et, d'une manière plus générale, elle nous apparaît partout dans le cadre des formes vulgairement connues du temps, de l'espace et de la causalité, qui coordonnent les phénomènes selon le principe de raison. Dès lors, en tant que tel, le *phénomène* est pour Schopenhauer le miroir de la *volonté*[1].

Si toute *croyance* peut naître en nous soit de la connaissance, soit de la Volonté, il est certain qu'une croyance religieuse peut naître de la *volonté*. Et tel est le cas en ce qui concerne la Providence chrétienne ou le fatalisme musulman, que Schopenhauer rapproche l'une de l'autre pour étayer son raisonnement en faveur de sa thèse sur la prédestination. De toute manière et en règle générale, puisque la Volonté régit le tout humain et non humain, « la connaissance demeure toujours au service de la volonté, de même qu'elle est née pour cette destination et qu'elle est pour ainsi dire greffée sur la volonté comme la tête l'est sur le tronc »[2].

Il en va ainsi particulièrement de la croyance dans le hasard, la fatalité ou la destinée, objet de la première

---

1. *Ibid.* 2. MVR, III, §. 33, trad., p. 229.

dissertation de ce volume. Schopenhauer y rappelle que, depuis toujours, oracles et devins ont existé et que, de tout temps, ils ont été régulièrement interrogés par les humains. De plus, malgré toutes les précautions prises pour s'opposer aux présages annoncés, ce qui devait arriver advenait toujours inéluctablement. Nombre de légendes confirment ce fait. On connaît l'histoire d'Œdipe, roi de Thèbes, qui tua son père et épousa sa propre mère. Un oracle avait averti son père, le roi Laïos, qu'un fils présenterait pour lui un danger mortel. En conséquence de quoi, il fit exposer l'enfant nouveau-né sur le mont Cithéron. Cependant, le roi de Corinthe, Polybe, parvint à sauver Œdipe. Devenu adulte, ce dernier quitta Corinthe pour apprendre lui-même, par l'oracle de Delphes, qu'il tuerait son père et épouserait sa mère. On connaît la suite : rencontrant Laïos sur son chemin, Œdipe le tue et, à Thèbes, ayant deviné l'énigme du sphinx et donc éloigné le monstre de la ville, il reçoit pour récompense Jocaste, sa mère, en mariage.

On peut néanmoins constater que, contrairement aux affirmations de Schopenhauer qui s'appuyait sur les légendes des Anciens, ceux-ci avaient souvent mis en garde contre l'art de la mantique. En effet, dans les deux livres de son écrit intitulé *De divinatione*, Cicéron (106-43 av. J.-C.) a traité, pour le critiquer en général, de l'art de deviner. Avant lui, Aristote (384-322), en particulier dans son ouvrage *De divinatione per somnia*, avait émis des doutes sur la véracité des songes. Dans son écrit *De somno et vigilia*, Aristote évoque aussi la divination dans le sommeil. Cela étant, il est vrai que toutes ces mises en garde confirment le haut intérêt des Anciens pour la divination. Ainsi Artemidorus Daldianus (IIe siècle) est universellement connu pour son onirocritique. Croyant à l'origine divine des songes, Synésios de Cyrène (IVe-Ve siècle) réunit, sous le titre latin *De somniis*, publié à Venise en 1497, les travaux d'Artémidore avec ceux de Posidonios d'Apamée. C'est sur Synésios que semble s'appuyer Schopenhauer, en reconnaissant aux songes divinatoires une nature métaphysique et transcendantale dont cet auteur empruntait l'idée à l'Orient.

De fait, Schopenhauer[1] fait reposer tous les événements de l'existence humaine sur une rigoureuse nécessité à laquelle il rattache autant l'idée antique du destin que le fatalisme musulman, aussi bien la croyance en des présages que la notion chrétienne de Providence. Il s'agit d'une conviction selon laquelle le moindre hasard a sa nécessité et toutes les données d'une vie individuelle tiennent les unes avec les autres le même *tempo*, exactement comme il en est dans certains morceaux de musique. Nous remarquons ainsi avec surprise que la *voyance* est présentée par Schopenhauer comme pouvant être une manifestation de la nécessité des choses, parce qu'elle n'aurait finalement d'autre principe que le principe nécessaire de causalité, inhérent à la nature ; de là, elle pourrait même se ramener indirectement à figurer comme une sorte de justification du déterminisme naturel. Remarquons pourtant que l'argument contraire serait tout autant valide, parce que la causalité physique obéit à des considérations générales, c'est-à-dire non singulières. C'est, du moins, de cette façon que Cicéron critiquait l'adhésion stoïcienne à la mantique : d'où, précisément, selon l'argumentation cicéronienne, l'impossibilité de prédire le singulier.

À propos du don de voyance qu'il étudie, Schopenhauer fait remarquer qu'il implique indirectement la rigoureuse nécessité de chacun des événements particuliers de notre existence, en dépit de l'apparente contingence des événements de l'histoire du monde.

---

1. *Sämtliche Werke*, *op.cit.*, III, *Kleinere Schriften*, *Über die Freiheit des Willens* ; voir p. 581-582.

Le phénomène de voyance, pourtant assez rare, tient lieu pour Schopenhauer de confirmation empirique de sa théorie de la nécessité des événements. Mais alors que les histoires individuelles sont étroitement imbriquées les unes dans les autres dans un tissu complexe, tout au contraire, l'histoire humaine universelle — et cela, malgré la théorie hégélienne de l'histoire — est pour Schopenhauer dépourvue de signification métaphysique, et même de toute nécessité. Car, explique-t-il, les peuples existent *in abstracto*, tandis que les individus sont *le réel.*

Citons, dans *Le Monde comme volonté et comme représentation*[1], un passage explicite, au style particulièrement cxpressif, et relatif à cette unité de la nécessité et de la contingence qui partout règne dans le monde, puisque ni nos actions ni notre vie ne sont notre œuvre :

> « L'histoire de l'humanité, le tumulte des événements, le changement des époques, les formes de la vie humaine si différentes selon les pays et selon les siècles, tout cela n'est que la forme accidentelle du phénomène de l'Idée ; aucune de ces déterminations particulières n'appartient à l'Idée, dans laquelle réside l'objectité adéquate de la volonté ; elles n'appartiennent pas à cette apparence, qui tombe sous la connaissance de l'individu ; pour l'Idée, elles ne sont pas moins étrangères, accidentelles et insignifiantes que ne leur sont pour les nuages les figures qu'ils dessinent, pour le ruisseau l'image de son remous et de son écume, pour la glace ses arbres et ses fleurs ».

Schopenhauer défend donc l'idée d'un *fatalisme transcendant* qui reposerait sur le fait que nos actions sont le produit nécessaire de deux facteurs. Le premier est notre *caractère*, qui reste immuable dans sa natu-

1. MVR, III, §. 35, trad., p. 236.

re[1], mais ne nous est connu qu'*a posteriori* et progressivement, parce qu'il est déterminé par les *motifs* que nous découvrons à nos actions, et qui constituent le second facteur de détermination. Résidant à l'extérieur de notre personnalité, les motifs sont amenés nécessairement par le cours des choses et contribuent pour une large part à déterminer le caractère donné[2], avec une nécessité quasi mécanique. Or, jugeant la suite des événements, le moi devient ainsi le « sujet de la connaissance », en même temps que le simple spectateur critique de l'action conjuguée du caractère et des motifs. Ne soyons pas étonnés de voir Schopenhauer aboutir alors à l'idée du contraste entre la contingence physique d'une donnée du monde et sa nécessité morale.

C'est par analogie avec l'idée kantienne de *téléologie de la nature* (cf. la deuxième partie de la *Critique du jugement* de Kant) que Schopenhauer présente ce qui est opportun, mais sans qu'en-soit connu le but. Pour justifier ses vues, Schopenhauer se réfère explicitement au traité scientifique de Kant, *Histoire générale de la nature et théorie du ciel* (1755), dans lequel Kant utilise la méthode mécaniste pour édifier une cosmologie[3] : ce traité parachevait et même dépassait l'œuvre de Newton en expliquant scientifiquement le premier choc à l'origine de l'univers[4]. À juste titre, d'ailleurs, Schopenhauer rapproche l'œuvre de Kant de celle de Laplace, *Exposition d'un système du monde* (1796)[5].

1. MVR, IV, §. 55, trad., pp. 364. **2.** MVR, II, §. 23, trad., pp. 155. **3.** Voir l'édition et la traduction de cette œuvre par P. Kerszberg, A.-M. Roviello et Jean Seidengart, Paris, Vrin, 1984. **4.** Nous avons étudié l'originalité encore actuelle de cette œuvre kantienne dans *La Raison créatrice. Moderne ou postmoderne*, Paris, Kimé, 1996. **5.** C'était la conclusion apportée par Laplace à son *Traité de mécanique céleste*. L'hypothèse cosmogonique de Laplace consiste en ce que la formation des planètes vient du refroidissement progressif et de la contraction de la matière, avec un accroissement de la vitesse angulaire de rotation.

Sur cette base, et anticipant sur des vues que Bergson renouvellera, la doctrine de Schopenhauer est qu'une transition relie la « force naturelle générale » à la vie et celle-ci à la conscience humaine. Schopenhauer passe donc de la constatation intellectuelle de la régulière ordonnance de l'univers à la supposition que les individus partagent à leur insu la nécessité universelle, et que, par conséquent, ils participent eux aussi à un plan méthodique de la nature :

> « le simple examen empirique de la nature suffit à reconnaître, de la manifestation la plus rudimentaire et la plus nécessaire de toute force naturelle générale, jusqu'à la vie et à la conscience de l'homme, une transition constante, par degrés insensibles, aux limites toutes relatives et presque toujours flottantes » [1].

L'enchaînement causal amenant les actions humaines les unes dans la dépendance des autres, cette concaténation est ce qui constitue l'objectivation de la *volonté* en tant que telle, c'est ainsi que se développerait cette force mystérieuse dirigeant la destinée de l'individu, ce que d'aucuns ont appelé son « génie » ou sa « Providence ». Quoi qu'il en-soit, il demeure pour le philosophe que les actions humaines sont liées à l'enchaînement causal ordinaire, universel, ne souffrant aucune exception. Mais cette puissance naturelle n'est finalement que notre propre *volonté* qui, comme une force intérieure dont nous n'avons pas immédiatement conscience, entre en conjonction avec une puissance supérieure, hors de nous, et qui nous dirige à notre insu. Tout se passe, explique Schopenhauer, comme dans le rêve, où les événements se déroulent si fréquemment contre nos désirs, pour nous jeter dans l'étonnement ou dans les ennuis et l'épouvante, ou même encore dans l'angoisse mortelle, sans que la des-

---

1. Supplément au Livre Deuxième, MVR, trad., p. 1039.

tinée, que pourtant nous dirigeons nous-mêmes secrètement, n'intervienne pour notre salut.

Aussi la Volonté nous donne-t-elle parfois satisfaction, parfois non. Tout dépend alors de la topique dont elle relève en l'occurrence : soit qu'elle siège dans la « conscience représentée dans le rêve », soit qu'elle se situe au-delà et nous apparaisse dans le rêve comme destin inexorable opposé à notre « volonté empirique », du moins telle que nous croyons connaître cette dernière. De toute façon, l'objectivation de la Volonté, en tant qu'elle est une chose en-soi, produit aussi bien une *volonté raisonnable* qu'une *volonté animale*, dans la voie qui nous convient véritablement.

La Volonté est ce qui maintient le phénomène du monde, que nous ne connaissons qu'à titre de représentation (objet du Livre I du *Monde comme volonté et comme représentation*). Ainsi, la perception du corps — qu'il s'agisse du nôtre ou de celui d'autrui — nous fait découvrir la Volonté, dont nous percevons le résultat de l'objectivation (objet du Livre II du *Monde comme volonté et comme représentation*) : « L'action du corps n'est que l'acte de la volonté objective, c'est-à-dire vu dans la représentation » [1].

La *volonté* [2], qui vit et désire dans chaque individu, est donc la force qui représente et maintient tout à la fois le phénomène du monde. La destinée qui règle notre véritable existence émane finalement de cette *volonté* « apparaissant comme destinée », et qui se situe au-delà de la conscience représentante, car la personne elle-même n'est pas la Volonté mais le phénomène de la Volonté. Ce que Schopenhauer appelle « notre volonté individuelle empiriquement reconnaissable » n'est donc pas la Volonté représentée comme destinée, aussi doit-elle souvent lutter de la manière la

1. MVR, II, §. 23, trad., p. 160. 2. MVR, II, §. 18, trad., p. 141.

plus violente avec celle-ci, car nous ignorons les tenants et les aboutissants de ce qu'elle a tramé pour nous.

Schopenhauer ne manque pas de rapprocher sa notion de *volonté* de la position panthéiste de Jean Scot Érigène (v.810-v.870), philosophe irlandais de langue latine, qui, dans *De la division de la nature ou Periphyseon* (867), divise le concept de nature en quatre genres : 1) la nature qui crée et n'est pas créée (Dieu comme origine de tout), 2) la nature qui est créée et qui crée (le Fils) ; 3) la nature qui est créée et ne crée pas (le Monde) ; 4) la nature qui ne crée pas et n'est pas créée (Dieu comme fin de tout). Le Dieu de Jean Scot Érigène est pure volonté sans connaissance, tandis que les trois facultés de la connaissance sont, chez l'humain : l'intellect, la raison et les sens. On peut remarquer que les première et quatrième divisions de la nature sont incréées : elles impliquent le Créateur ; tandis que les seconde et troisième impliquent les créatures ; mais, finalement, « Dieu sera toutes choses, en tout, quand rien n'existera que Dieu seul ».

Quant à la *volonté de vivre* schopenhauérienne, elle ne se représente que dans l'intellect humain, et elle s'y manifeste comme *sujet* ; ailleurs, la *volonté* en elle-même *s'objective*[1] :

« Ainsi donc, l'homme nous apparaît comme une manifestation particulière et caractérisée de la volonté, dans une certaine mesure, comme une idée particulière ; les animaux, au contraire, manquent de ce caractère individuel, attendu que l'espèce seule a une signification particulière et que les traces de caractère disparaissent à mesure qu'on s'éloigne de l'homme ».

---

1. MVR, II, §. 26, trad., p. 177.

Volonté et intellect

Quel est le rapport de l'*intellect* à la Volonté ? L'intellect dépend de la Volonté, comme la lumière dépend du combustible et de l'oxygène. Mais l'intellect est d'autant plus pur qu'il est plus complètement séparé de la Volonté qui lui a donné naissance. C'est de l'intellect essentiellement que dépend la connaissance. Après la *croyance*, nous abordons, avec la seconde dissertation de Schopenhauer, la *connaissance*. Comment pouvons-nous parvenir à la connaissance ? Schopenhauer va examiner les deux points de départ possibles que sont le subjectif ou l'objectif.

Pour aboutir à la connaissance partirons-nous du *subjectif* comme l'ont fait plusieurs théoriciens, et surtout Berkeley, exemple type de l'idéaliste subjectif, pour qui les choses dites matérielles n'existent que pour autant qu'elles sont perçues ? Ou l'empiriste Locke, dont l'enquête procède des sensations pour préciser quelles sont les questions susceptibles d'être traitées par l'entendement humain ? Ou bien Kant[1] ? Schopenhauer dit continuer précisément la voie ouverte par Kant relativement aux philosophies antérieures. Vu le caractère *immédiat* du subjectif, Schopenhauer lui reconnaît les plus grands avantages, mais ce procédé est en partie insuffisamment justifié, s'il n'est complété et confirmé par une reprise inverse, c'est-à-dire par un procédé déduisant le subjectif de l'objectif.

Ou encore, pour parvenir à la connaissance, faut-il plutôt procéder à partir de l'*objectif*, en admettant comme chose donnée la matière, avec toutes les forces qui se manifestent en elle ? Mais doit-on alors aboutir au pur *naturalisme* qui nie toute existence du surnatu-

---

1. Supplément au Livre Deuxième, ch. XXII, MVR, trad., p. 988.

rel, c'est-à-dire tout ce qui dépasse la nature des êtres créés ? Cette *physique absolue* d'un monde aussi clairement présenté éliminerait toute métaphysique. À cette physique absolue faudrait-il préférer son contraire, c'est-à-dire l'*idéalisme* ? Celui-ci ramène les choses à l'esprit, l'être à la pensée. L'*idéalisme transcendantal* de Kant aborde les phénomènes en tant qu'ils sont des représentations de l'esprit. Le monde objectif saisi par les opérations de l'esprit n'existerait alors que dans le cerveau, étant né au moyen des fonctions de ce dernier. À l'opposé de l'idéalisme, le *réalisme* prétend saisir les réalités véritables, indépendantes de la pensée, ayant, par leur propre fait, la puissance d'accéder à l'être. Schopenhauer qualifie de naïve l'affirmation du réalisme selon lequel les corps en tant que tels n'existent pas seulement dans notre représentation, mais ont aussi une existence réelle. La solution de Schopenhauer consiste finalement dans le principe de la *forme de la connaissance* plutôt que dans celui de son contenu :

> « La possibilité de connaissance la plus parfaite, la clarté la plus grande appartient nécessairement à ce qui est propre à la connaissance comme telle, c'est-à-dire à la forme de connaissance, mais non pas à ce qui n'est en-soi ni représentation ni objet, et qui n'est devenu connaissable qu'en entrant dans ces formes *a priori*, qu'en devenant représentation et objet »[1].

Par conséquent, Schopenhauer reprend à son compte en l'interprétant la conception de l'*idéalité du temps*[2] découverte par Kant. Il relève justement que le temps à lui seul ne produit aucun effet physique, et donc ne change rien au repos ni au mouvement d'un corps. C'est pourquoi il n'est qu'un idéal transcendantal et tire son origine, non pas des choses elles-mêmes, mais uniquement du sujet connaissant. En effet, le temps

---

1. MVR, II, 24, trad., p. 164. **2.** MVR, II, 24, trad., p. 163.

glisse sur les choses sans y inscrire la moindre trace, car l'illusion de l'effet du temps provient en fait de la cause. Seules sont agissantes les *causes* dans le cours du temps : « C'est donc la causalité qui forme le lien entre le temps et l'espace »[1]. Schopenhauer donne des exemples précis. D'une part, la loi d'inertie fige le moucheron pris dans l'ambre, ou encore le métal précieux conservé dans un air totalement sec[2]. D'autre part, dès qu'un corps se met en mouvement, celui-ci est absolument sans fin si des causes physiques n'agissent pas sur lui ; inversement, un corps au repos y reste éternellement si des causes physiques n'interviennent pas pour le mettre en mouvement. Le temps n'est donc pas une chose existant au milieu des autres choses. Telle était d'ailleurs aussi l'affirmation de Kant.

Quant à la *matière*, elle est par excellence *ce qui est mobile* : « D'une part, la forme même de la matière, qu'on n'en saurait séparer, suppose déjà l'espace ; et, d'autre part, son activité, qui est tout son être, implique toujours quelque changement, c'est-à-dire une détermination du temps. Mais la matière n'a pas pour condition le temps et l'espace pris séparément ; c'est leur combinaison qui constitue son essence, celle-ci résidant tout entière, comme nous l'avons démontré, dans l'activité et la causalité »[3]. La matière est donc déjà et principalement objectivation de la chose en-soi. L'espace et le temps lui sont étrangers : ils proviennent de l'*intellect* saisissant la matière, et auquel ils appartiennent comme étant ses formes[4]. C'est ainsi que Schopenhauer nous voit tous plongés dans le même rêve.

Pure forme de notre intellect, qui est l'appareil de la connaissance, le temps fonde néanmoins l'ontologie

---

1. MVR, I, §. 4, trad., p. 33. **2.** Schopenhauer cite également le cas des antiquités égyptiennes à l'abri dans leur nécropole. **3.** MVR, I, §. 4, trad., p. 32. **4.** MVR, I, §. 4, trad., p. 34.

des êtres, tout comme l'*espace* : en effet, j'emporte, toujours et partout, le temps et l'espace avec moi, attachés qu'ils sont à mon intellect. C'est ainsi que Schopenhauer accepte sans restriction l'Esthétique transcendantale telle que Kant l'expose dans la *Critique de la raison pure* : pour lui comme pour Kant, l'espace et le temps sont des intuitions *a priori.* Toutefois, pour Kant, ce sont des formes de notre sensibilité, tandis que pour Schopenhauer, ce sont des formes de notre intellect. Cette différence a pour conséquence fondamentale que, là où Kant ne parle que d'intuition sensible, Schopenhauer, de son côté, parle déjà d'intuition intellectuelle. De ce fait, Schopenhauer s'épargne toute la démarche kantienne du schématisme transcendantal donnant à un concept son image. Mais, comme l'écrit Schopenhauer, Kant a bel et bien établi que « ce sont, en effet, ces éléments du temps et de l'espace, tels que les révèle l'intuition *a priori*, qui représentent les lois de toute expérience possible »[1].

C'est surtout l'intellect qui, pour Schopenhauer, est organisé par la forme du temps. Explicitement, le *temps* est cette organisation de notre intellect en vertu de laquelle le futur ne semble pas exister dans le présent, sauf dans les cas de somnambulisme clairvoyant ainsi que dans la voyance ou « seconde vue ». C'est alors que le futur est *matériellement* présent. Et c'est ainsi que Schopenhauer explique la vanité de toutes tentatives imaginées pour éviter la réalisation des prédictions. Pour les personnes douées de seconde vue, l'événement futur existait *déjà* matériellement quand elles l'ont aperçu.

La *nécessité* des événements n'est autre que la modalité selon laquelle nous percevons temporellement ce qui, en fait, existe à l'état d'unité et d'immuabilité, unité et immuabilité qui sont celles de la *chose*

---

1. MVR, I, §. 3, trad., p. 29.

en-soi, de la Volonté d'où procède l'objectivation. La chaîne causale introduit la nécessité qui rétablit l'unité de l'être en-soi s'y objectivant. Si Kant a enseigné que le temps et l'espace, d'après leur *forme*, se représentent *a priori*, c'est, ajoute Schopenhauer, le somnambulisme qui enseigne que cela puisse se faire aussi d'après leur *contenu.* On peut supposer que Kant n'aurait pas admis cette preuve par le contenu !

Schopenhauer prouve l'*idéalité de l'espace* du seul fait que nous ne pouvons supprimer l'espace en pensée. Pour lui, nous pouvons seulement vider l'espace, car il est la base de nos représentations, leur condition première. Schopenhauer dit que l'espace *appartient à notre intellect* et même qu'il en est une partie intégrante. Dès qu'un objet doit être représenté, l'espace l'accompagne dans tous ses mouvements. De l'espace dans notre intellect dépendent, entre autres, nos calculs astronomiques. Il s'ensuit que nous ne connaissons pas les choses comme elles sont, c'est-à-dire en elles-mêmes, mais bien comme elles paraissent être à notre intellect. Schopenhauer partage donc sans restriction le relativisme épistémologique de Kant. Aussi répétera-t-il inlassablement[1] : « Le plus grand mérite de Kant, c'est d'avoir distingué le phénomène de la chose en soi ».

Notre connaissance *voit* vers l'extérieur et non vers l'intérieur ; et, si le sujet de la connaissance cherche vers l'intérieur à se connaître lui-même, ce qu'il aperçoit, c'est le noir complet, le vide total, parce qu'il n'est pas lui-même indépendant : n'étant ni une chose en-soi, ni une substance originelle. La chose en-soi n'est autre que la Volonté en nous, aussi n'est-elle pas non plus capable de connaissance de soi, parce qu'elle est un être simplement voulant, non pas un être *connaissant*, encore moins une conscience réflexive.

1. Critique de la philosophie kantienne, MVR, trad., p. 523.

On peut se demander comment l'intellect fonctionne dans ces conditions. Chose étonnante, la pensée semble aussi se développer, et pour une large part, dans l'inconscience. Nous concluons parfois sans que les prémisses aient été nettement posées : en fait, ni clairement ni distinctement. Nos pensées, précise Schopenhauer, sont le résultat d'une longue méditation inconsciente[1] :

« C'est en fait un enchaînement très complexe. Pour nous rendre la chose plus sensible comparons notre conscience à une eau de quelque profondeur ; les pensées nettement conscientes n'en sont que la surface ; la masse, au contraire, ce sont les pensées confuses, les sentiments vagues, l'écho des intuitions et de notre expérience en général, tout cela joint à la disposition propre de notre volonté qui est le noyau même de notre être. Or, la masse de notre conscience est dans un mouvement perpétuel, en proportion, bien entendu, de notre vivacité intellectuelle, et grâce à cette agitation continue montent à la surface les images précises, les pensées claires et distinctes exprimées par des mots et les résolutions déterminées de la volonté. »

Il arrive aussi que l'*intellect* mêle à la partie *objective* de la connaissance une partie *subjective*, étrangère à celle-ci, et provenant de la personnalité empirique conditionnant l'intellect. L'intellect le plus purement *objectif*, et donc le plus parfait, serait celui qui échappe à cette contamination. Précisément, la génialité est définie par Schopenhauer comme consistant dans cette objectivité exemplaire de l'esprit. Mais l'objectivité pure est aussi impossible qu'un son absolument pur. La vérité est qu'un intellect ne peut exister pour lui-même, il est l'instrument d'une Volonté, tout comme le cerveau n'est possible qu'en tant que partie de l'organisme.

Schopenhauer nous apprend que deux facultés de l'intellect sont appréciables : la faculté de juger et la

---

1. Supplément au Livre Premier, chap. XIV, trad., MVR, p. 822.

faculté d'avoir des pensées personnelles ; leur faiblesse respective, remarque-t-il, explique l'indigence des textes qui se lisent couramment et qu'on prend pour de la littérature authentique. Notre intellect n'existe pas *pour lui-même* : il n'est qu'une faculté secondaire qui s'enracine dans une *volonté* le contaminant aussi bien de ses velléités de connaissances que de jugements. En effet, la *volonté* ne manque pas de mêler sa voix à celle de l'intellect, sans que nous puissions toujours la reconnaître. Et ce n'est que lorsque l'intellect parvient à abandonner sa détermination naturelle, née de sa dépendance à l'égard de la Volonté, et lorsqu'il renonce effectivement à servir la Volonté, qu'il a enfin le loisir de s'exercer de manière objective. Aussi l'usage subjectif de l'intellect est-il l'usage naturel, qui demande tout juste assez d'effort intellectuel que ce qu'en exige la Volonté pour ses finalités naturelles. Au contraire, l'usage libre, et presque anormal, que fait le *génie* de l'intellect lui permet d'atteindre un degré auquel la connaissance objective devient l'activité principale et même le but unique de sa vie.

Le *génie* se manifeste par la puissance intellectuelle, par un accroissement des forces intellectuelles, par l'objectivité de sa conception intuitive du monde extérieur. C'est pourquoi le génie se présente comme l'opposé de la faculté pratique d'agir : il se soustrait à l'influence de la Volonté, et même, par contrecoup, au bonheur personnel. Du fait du lien de l'intellect à la Volonté, et pour expliquer le génie, Schopenhauer émet la *théorie du double intellect*, propre au génie : le génie jouit d'un intellect pour lui-même, au service de sa volonté personnelle, et d'un intellect pour le monde dont il devient le miroir. C'est le *second intellect*, l'intellect objectif, qui est l'*intellect génial*. Aussi Schopenhauer pense-t-il que ce second intellect manque parfois de la modération qui caractérise l'intellect ordinaire.

Il est possible d'édifier un diptyque étroit entre l'intellect ordinaire et l'intellect génial. La vie purement intellectuelle de l'humanité consiste dans la connaissance scientifique et dans le perfectionnement des arts. Elle plane comme un parfum suave au-dessus de l'agitation de la vie des peuples dirigés par la seule *volonté*. La différence entre le génie et l'individu commun est certes *quantitative* puisque ce qui caractérise le génie c'est *un plus* de forces intellectuelles, mais on peut aussi la considérer comme *qualitative*. En effet, celles que Schopenhauer appelle les « têtes ordinaires », même diverses, ont néanmoins une direction commune de penser, qui les fait prendre la même voie, et pour tomber dans les mêmes ornières. À l'opposé, le génie est un être qui a atteint un degré élevé de représentation du monde. La vision d'ensemble lui fournit l'intuition à la fois la plus claire et la plus profonde. Le génie recherche l'essence des choses : rayonnant de sa propre lumière, il apprend à l'humanité ce qu'il n'a appris de personne. Le regard fixé sur la postérité, le génie peut cependant demeurer inconnu de ses contemporains.

L'esprit toujours actif, le génie ne cesse d'élargir ses propres connaissances. Sans être, à proprement parler, insociable, il réussit mal en société : soit qu'il oublie son interlocuteur, soit qu'il s'adresse à lui « comme l'enfant parle à sa poupée ». Il ne tient aucun compte des us et coutumes ni des idées de ses contemporains. Faut-il voir dans ses manières arrogance ou concentration ? Le fait est qu'il crée souvent ce que ses contemporains blâment, ou qu'il méprise parfois ce qu'ils louent.

Plutôt que de consacrer son activité intellectuelle à nourrir son corps, le génie accepte même la situation économique la plus modeste, à condition qu'elle lui permette de se consacrer pleinement au développement et à l'emploi de ses forces. L'intellect ordinaire cherche à procurer à sa Volonté toujours plus de loisir ou plus de luxe, mais non plus de culture intellectuelle, car l'effort de l'intellect ordinaire doit toujours contribuer à servir la Volonté. Tel n'est pas le cas du génie. Alors que le talent travaille pour l'argent et pour la gloire, le génie se contente de travailler sans la conscience d'un tel motif d'action : il se sent comme poussé par un instinct particulier. C'est ainsi que la partie faible d'un être fort est celle qui aurait pu faire obstacle à sa faculté dominante.

Schopenhauer conclut cette seconde dissertation par le dialogue qu'il place à l'Appendice du texte, en déclarant que si l'intellect n'était pas capable de nous aider à découvrir l'énigme du monde, alors il ne vaudrait pas la peine qu'on le développât davantage. C'est par le développement anormal de sa face théorique que le génie peut mieux saisir les « relations éternelles », de préférence aux relations finies et terrestres.

Volonté et Idée

Avec la troisième dissertation, il s'agit d'une apothéose. Car, une fois que nous avons saisi l'importance pour l'*intellect génial* de se séparer des soucis quotidiens qu'impose généralement la Volonté à l'intellect, nous sommes à même de comprendre l'objet propre que s'assigne le génie sur les terrains spécifiquement métaphysique et esthétique : le terrain esthétique étant, dans la perspective de Schopenhauer, déterminé par le terrain métaphysique. Pour cette raison, il est donc évident que la métaphysique trouve son couronnement dans une métaphysique du beau. Du point de vue du développement dialectique, on peut considérer que la seconde dissertation se continue logiquement dans la troisième, puisque le génie a cette faculté spécifique de se détacher de soi-même dans la contemplation pure et simple, et la contemplation du beau est bel et bien un cas remarquable de cette contemplation pure et simple.

Rapprochant maintenant les deux notions de la *chose en-soi* kantienne et de l'*Idée* platonicienne, Schopenhauer, qui identifie la *volonté* avec la chose en-soi, fait de l'Idée « l'objectité immédiate de cette volonté »[1], « la seule objectité immédiate de la volonté »[2], « l'objectité la plus parfaite de la volonté »[3]. Schopenhauer affirme explicitement que les « degrés d'objectivation de la volonté ne sont pas autre chose que les Idées de Platon »[4]. Aussi comprend-il, pour citer ses propres termes, « sous le concept d'*Idée*, ces degrés déterminés et fixes de l'objectivation de la volonté, en tant qu'elle est chose en-soi et, comme telle, étrangère à la pluralité ; ces degrés apparaissent, dans les objets particuliers, comme leurs formes éternelles, comme leurs prototypes »[5].

En effet, Schopenhauer relie très étroitement l'une à l'autre les deux formules de la chose en-soi et de l'Idée, en rapportant rétrospectivement ce qu'il a retenu de la chose en-soi kantienne à la théorie, ainsi reconstituée, de l'Idée platonicienne :

> « Pour rapprocher mieux encore la formule de Kant et celle de Platon, on pourrait également dire : temps, espace et causalité ne sont que cette loi de notre intellect, en vertu de laquelle l'être, à proprement parler unique, qui constitue chaque espèce, se manifeste à nous comme une multitude d'êtres analogues, qui renaissent et qui périssent sans cesse dans une succession éternelle. »[6]

En face de cette multiplicité d'êtres analogues, Schopenhauer nous fait découvrir le *sujet connaissant pur*, actualisant la réponse que le philosophe donne à

---

1. MVR, III, §.31, trad., p. 221. **2.** MVR, III, §.32, trad., p. 227. **3.** MVR, III, §.35, trad., p. 236. **4.** MVR, II, §.25, trad., p. 174. **5.** MVR, II, §.25, trad., p. 175. **6.** MVR, III, §.31, trad., p. 224.

la problématique qui maintenant s'impose à lui. Étant donné, en effet, que, d'une part, tout ce qui nous touche affectivement, et nous donne ou non satisfaction, est généralement lié à la Volonté, et que, d'autre part, ce qui est proprement métaphysique dépasse les soucis matériels de notre vie quotidienne, comment, dans ces conditions précises, pouvons-nous interpréter, au sein d'une métaphysique et d'une esthétique appropriées, ce qui constitue le plaisir du beau, si surtout nous devons le concevoir comme détaché de la Volonté ? À cette question répond la considération du *sujet connaissant pur* qui n'est autre que « le *sujet connaissant affranchi de la volonté* »[1].

Ou bien, selon l'exacte question que pose Schopenhauer au début de la troisième dissertation de ce volume, « comment est-il possible de prendre plaisir à un objet, sans que celui-ci ait quelque rapport avec notre volonté ? ». Là encore, se devine la proximité de Kant, considérant le beau comme pur de tout intérêt. La réponse à cette question, Schopenhauer l'a déjà donnée avec la notion de « sujet connaissant pur » :

> « Lorsque, s'élevant par la force de l'intelligence, on renonce à considérer les choses de la façon vulgaire ; [...] lorsqu'on ne considère plus ni le lieu, ni le temps, ni le pourquoi, ni l'à-quoi-bon des choses, mais purement et simplement leur nature ; lorsque enfin l'objet s'affranchit de toute relation avec ce qui n'est pas lui et le sujet, de toute relation avec la volonté ; alors, ce qui est ainsi connu, ce n'est plus la chose particulière en tant que particulière, c'est l'Idée, la forme éternelle, l'objectité immédiate de la volonté ; à ce degré par suite, celui qui est ravi dans cette contemplation n'est plus un individu [...], c'est le sujet connaissant pur. »[2]

Schopenhauer a déjà, par ailleurs, abordé quelques-unes des notions qui sont étudiées dans cette dissertation sur la métaphysique du beau : entre autres, la

---

1. Voir ci-après, p. 164 **2.** MVR, III, §.34, trad., p. 231.

notion de l'Idée platonicienne ainsi que la notion d'histoire. Le Livre troisième du *Monde comme volonté et comme représentation* est en effet consacré à l'Idée platonicienne, au sujet pur et à l'objet de l'art ; il en va de même avec le Supplément au Livre troisième dont le chapitre XXXVIII est, en outre, consacré à l'histoire.

Schopenhauer réserve donc une tâche métaphysique et esthétique au génie : il en est ainsi parce que « l'art reproduit les idées éternelles, qu'il a conçues par le moyen de la contemplation pure »[1]. Et, en effet, la définition schopenhauérienne de l'art n'est autre que « la contemplation des choses, indépendante du principe de raison »[2]. Or, le génie est, par excellence, apte à cette contemplation et l'idée ressortit à la connaissance intuitive, diamétralement opposée à la connaissance discursive, propre à la science : là encore se reconnaît une distinction kantienne quant à l'art, non soumis au jugement déterminant de la science. Ce qu'il faut encore noter, c'est que Schopenhauer parle néanmoins de *connaissance de l'idée*, en matière d'art, celui-ci étant la connaissance intuitive du beau. Connaissance possible, car les beaux-arts, plus encore que la philosophie, réserve une solution au problème de l'existence[3]. Au « sujet connaissant pur » revient la saisie des « formes essentielles et primordiales de la nature tant animée qu'inanimée »[4].

Les différents arts devront être jugés selon les différents degrés de l'objectité auxquels ils sont attachés. Ainsi, les Idées relatives à l'architecture artistique « ne sont que les degrés inférieurs de l'objectité de la volonté »[5] ; et la destination de cet art est très rarement purement esthétique[6]. À l'opposé se trouve la musique. En

1. MVR, III, §. 36, trad., p. 239. **2.** *Ibid.* **3.** Supplément au Livre Troisième, chap. XXXIV, MVR, trad., p. 1138. **4.** Voir ci-après. **5.** MVR, III, §. 43, trad., p. 278. **6.** MVR, III, §. 43, trad., p. 279.

effet, cet art est « tout à fait en dehors des autres arts »[1]. On sait à quel point, dans *La Naissance de la tragédie*, Nietzsche s'est inspiré de la position de Schopenhauer. La musique « est complètement indépendante du monde phénoménal »[2]. Ce que la musique a de particulier par rapport aux autres arts, c'est qu'elle exprime l'essence du monde, mais elle est perçue à travers et par le temps, sans que l'espace ni la causalité y aient aucune part[3]. Schopenhauer emploie à cet égard le langage des scolastiques, que d'ailleurs Nietzsche reprendra à son compte : « on dirait que les concepts abstraits sont les *universalia post rem*, que la musique révèle les *universalia ante rem*, et que la réalité fournit les *universalia in re* »[4]. Nietzsche a très justement retenu cette terminologie, pour répéter ce texte presque mot pour mot, en citant le même passage[5]. Tel est alors son commentaire :

> « Donc, selon Schopenhauer, nous comprenons la musique immédiatement en tant que le langage de la Volonté, et nous sentons notre imagination incitée à donner une forme à ce monde, invisible et pourtant vivant, d'esprits dont la voix nous parle, et à l'incarner dans un exemple analogue. D'autre part, l'image et le concept, sous l'influence efficiente d'une musique vraiment adéquate, acquièrent une signification supérieure. »[6]

Enfin, Schopenhauer confirme également sa position antérieure au sujet de l'histoire, et cela, en reprenant l'opinion d'Aristote[7]. Dans la première des trois dissertations publiées dans ce volume, l'histoire était déjà en cause. Il s'agit maintenant de la juger à titre, non

---

1. MVR, III, §. 52, trad., p. 327. **2.** MVR, III, §. 52, trad., p. 329. **3.** MVR, III, §. 52, trad., p. 340. **4.** MVR, III, §. 52, trad., p. 336. **5.** Cf. *La Naissance de la tragédie*, trad. de Jean Marnold et Jacques Morland, revue par Angèle Kremer-Marietti, Introduction et notes par Angèle Kremer-Marietti, Le Livre de Poche, Classiques de la philosophie, Paris, 1994, p. 127. **6.** *Op. cit.*, p. 127-128. **7.** Cf. *Poétique*, chap. IX, 1451 b 5.

pas de science, mais d'art. À l'histoire Schopenhauer préfère la poésie, « plus philosophique »[1]. Son jugement est sévère : « la matière de l'histoire nous paraît être à peine un objet digne d'un examen grave et laborieux de la part de l'esprit humain, de cet esprit, qui, éphémère par nature, devrait choisir par là même l'impérissable pour sujet de ses méditations »[2].

À côté de l'histoire, si contestable pour Schopenhauer, la musique est le domaine métaphysique par excellence. Il ne faut pas s'étonner de lire sous la plume de Schopenhauer, des rapprochements inouïs concernant les quatre voix de l'harmonie : « la basse, le ténor, l'alto et le soprano, ou ton fondamental, tierce, quinte et octave, correspondent aux quatre degrés de l'échelle des êtres, c'est-à-dire au règne minéral, au règne végétal, au règne animal et à l'homme »[3]. C'est réaffirmer fortement que « les formes essentielles et primordiales de la nature tant animée qu'inanimée » sont saisies en tant qu'Idées du Beau contemplé dans son universalité la plus parfaite.

Angèle KREMER-MARIETTI

---

1. Supplément au Livre III, chapitre XXXVIII, MVR, trad., p. 1178. **2.** Supplément au Livre III, chapitre XXXVIII, MVR, trad., p. 1182. **3.** Supplément au Livre III, chapitre XXXIX, MVR, trad., p. 1188.

ESTHÉTIQUE
ET
MÉTAPHYSIQUE

Parerga et Paralipomena

REMARQUE SUR LES NOTES

— Notes marquées du signe **(F)**. Des ajouts de l'exemplaire usuel ont été placés sous le texte et, parce qu'ils se trouvaient d'abord dans l'édition Frauenstädt, ils sont désignés par **(F)**.

— Le signe **(H)** désigne des extraits de textes d'abord publiés dans les manuscrits de la succession de Schopenhauer édités par Julius Frauenstädt.

— Le signe **(S)** renvoie aux notes que Schopenhauer lui-même a ajoutées au texte principal des *Parerga*.

SPÉCULATION TRANSCENDANTE SUR L'APPARENTE PRÉMÉDITATION QUI RÈGNE DANS LA DESTINÉE DE CHACUN [1]

τὸ εἰκῇ οὐκ ἔστιν : ἐν τῇ ζωῇ,
ἀλλὰ μία ἁρμονία καὶ τάξις.
(Il n'y a pas de hasard dans la vie,
mais seulement ordre et harmonie.)
Plotin, *Ennéades*, IV, 4, 35, 11-12.

Bien que les pensées communiquées ici ne conduisent à aucun résultat ferme, et qu'elles puissent même être considérées comme une pure fantaisie métaphysique, je n'ai cependant pu me résoudre à les abandonner à l'oubli. En effet, elles seront les bienvenues pour quelques personnes au moins par comparaison avec les leurs touchant au même objet. Il convient toutefois de rappeler qu'en elles tout est douteux, pas seulement la solution, mais aussi le problème. Il faut donc s'attendre, non pas à des données certaines, mais plutôt seulement à l'éclairage d'une très obscure relation de fait qui a pu s'imposer assez souvent à chacun au cours de son existence, ou dans une rétrospective sur celle-ci. Il est même probable que nos considérations en la matière puissent n'être rien

1. Nous suivons le texte allemand original publié dans : Arthur Schopenhauer, *Parerga et Paralipomena*, I, *Sämtliche Werke*, Band IV, Suhrkamp Taschenbuch Wissenschaft 664, Stuttgart/ Frankfurt am Main, (1986), 1989, pp. 243-272.

de plus qu'une marche à tâtons dans les ténèbres : on remarque bien qu'il y a quelque chose, mais sans savoir au juste ni où ni quoi. Si toutefois il m'arrive de prendre parfois un ton positif, ou même dogmatique, qu'il soit dit une fois pour toutes qu'il en est ainsi simplement pour éviter la prolixité et la lourdeur par répétition constante de formules qui traduisent le doute et l'hypothèse ; que ce ton enfin ne doit pas être pris au sérieux.

La croyance en une Providence[1] particulière, ou, si l'on veut, en une direction[2] surnaturelle des événements au cours de l'existence individuelle, a été de tout temps universellement admise, et, même chez les têtes pensantes, réfractaires à toute superstition, elle a parfois des assises inébranlables, indépendamment de tout rapport à quelque dogme déterminé. — Avant tout, il peut lui être opposé que, selon le genre de toute croyance religieuse, elle n'a pas surgi de la *connaissance*, mais de la *volonté*[3], et qu'elle est directement la fille de notre condition misérable[4]. Car les faits délivrés par la seule *connaissance* se ramèneraient peut-être à ce que le hasard, qui nous joue cent mauvais tours comme voulus à dessein, se montre, de temps à autres, favorable, ou arrange au mieux indirectement les choses à notre avantage. Dans tous les cas semblables, nous reconnaissons en lui la main de la Providence[5], et même le plus clairement lorsque, contre notre propre manière de voir, il nous a conduits, par des voies auxquelles nous répugnons, vers un but qui assure notre bonheur. Nous disons alors :

---

1. Terme allemand : *Vorsehung.* **2.** Terme allemand : *Lenkung.* **3.** Cf. *Le Monde comme volonté et comme représentation*, §. 33, traduit en français par A. Burdeau, Nouvelle édition revue et corrigée par Richard Roos, Paris, Presses Universitaires de France, 1966, p. 229 : « En règle générale, la connaissance demeure toujours au service de la volonté, de même qu'elle est née pour cette destination et qu'elle est pour ainsi dire greffée sur la volonté comme la tête l'est sur le tronc. » Notre sigle MVR. **4.** Terme allemand : *Bedürftigkeit.* **5.** Terme allemand : *Vorsehung.*

Tunc bene navigavi, cum naufragium feci[1], et le contraste entre choix et direction[2] devient absolument indéniable, mais au bénéfice sensible de cette dernière. Pour cette même raison, nous nous consolons, dans les hasards malencontreux, par la sentence fréquemment vérifiée : « Qui sait à quoi cela est bon ? ». Elle a sa source dans cette idée que, bien que le *destin* gouverne le monde, il a néanmoins l'*erreur* pour associée, et puisque nous sommes assujettis à l'une autant qu'à l'autre, ce qui nous semble actuellement un malheur est peut-être précisément un bonheur. Nous fuyons alors devant les coups d'un tyran du monde pour subir ceux de l'autre, en en appelant du destin à l'erreur.

Cela mis à part, c'est une pensée d'une audace sans pareille que de supposer un dessein[3] au simple et pur hasard[4]. Je n'en crois pas moins que chacun s'est attaché vivement à cette idée au moins *une fois* dans sa vie. On la trouve même chez tous les peuples[5] et dans toutes les doctrines religieuses, mais le plus nettement chez les musulmans. C'est une pensée qui, selon la manière dont on la comprend, peut être la plus absurde ou la plus profonde. Aux exemples qu'on

---

1. « Dès lors que je fis naufrage, j'ai bien navigué. » **2.** Terme allemand : *Führung*. **3.** Terme allemand : *Absicht*. **4.** Terme allemand : *Zufall*. **5.** Nous avons trouvé une *Lettre de M.... à Mad.... sur la cause des songes et sur l'opinion de ceux qui croient que ce sont des pressentiments*, insérée sans nom d'auteur dans le *Mercure de France* de janvier 1738, p. 2 et suivantes, qui affirme : « Cette faiblesse vient de la curiosité démesurée que l'homme a toujours eue de percer l'obscurité de l'avenir : chaque Nation avait autrefois recherché quelque voie particulière de divination, les Grecs avaient l'alectriomancie, les Romains l'aruspicie, les Allemands la cromniomancie, et ainsi de plusieurs autres mais presque tous les peuples, et particulièrement les Chaldéens et les Egyptiens s'attachèrent à l'explication des songes, qu'ils regardaient comme des présages de l'avenir ». Précisons que l'*alectryomancie* est une sorte de divination qui se pratiquait à l'aide d'un coq et de grains de blé ; l'*aruspicie* consistait à consulter les entrailles des victimes ; la *crommyomancie* se pratiquait au moyen d'un oignon.

pourrait alléguer à ce sujet, si frappants qu'ils puissent être parfois, il faut opposer l'objection que ce serait le plus grand des miracles si le hasard ne réglait jamais bien nos affaires et même mieux que ne l'auraient fait notre intelligence et notre réflexion.

Que tout ce qui arrive se produise sans exception en vertu d'une *rigoureuse nécessité*[1], voilà une vérité évidente *a priori*[2], donc irréfutable : je la nommerai ici le fatalisme démontrable. Dans mon Mémoire couronné[3] *Sur la liberté de la volonté*[4], elle s'affirme comme le résultat de toutes les recherches précédentes. Elle est confirmée empiriquement et *a posteriori* par le fait, désormais hors de doute, que les somnambules magnétiques, les gens doués de seconde vue, et parfois aussi les rêveurs du sommeil ordinaire, annoncent nettement et exactement l'avenir[5]. C'est dans la *seconde*

---

1. En allemand : *mit strenger Notwendigkeit.* **2.** En allemand : *Eine a priori einzusehende Wahrheit.* **3.** L'écrit *Sur la liberté de la volonté* a été honoré d'un Prix de la Société Royale Norvégienne des Sciences, le 26 janvier 1839. **4.** Cf. Arthur Schopenhauer, *Sämtliche Werke*, III, *Kleinere Schriften*, *Über die Freiheit des Willens*. Voir p. 581-582 un texte qui évoque la conviction, pas toujours clairement reconnue, d'une rigoureuse nécessité sur laquelle reposent tous les événements et à laquelle se rattachent autant l'idée antique du destin que le fatalisme musulman, et aussi bien la croyance en des présages, puisque le moindre hasard a sa nécessité et que toutes les données du monde tiennent les unes avec les autres le même tempo.

5. (F) Dans le *Times* du 2 décembre 1852, on trouve la déposition judiciaire que voici. A. Newent. Dans le comté de Gloucester, le coroner, M. Lovegrove, fit une enquête au sujet du cadavre d'un nommé Marc Lane, trouvé dans l'eau. Le frère du mort dit qu'à la première nouvelle de la disparition de Marc, il s'était écrié : « Alors il est noyé ! Car je l'ai rêvé cette nuit, et, plongeant dans l'eau, je m'efforçais de l'en retirer ». La nuit suivante il rêva de nouveau que son frère s'était noyé près de l'écluse d'Oxenhall, et qu'à côté de lui nageait une truite. Le lendemain matin il se rendit à Oxenhall en compagnie de son autre frère : il y vit une truite dans l'eau. Il fut aussitôt convaincu que son frère se trouvait là : le cadavre y était en effet. Ainsi une chose aussi fugitive que le glissement d'une truite est vue plusieurs heures à l'avance, à la seconde exacte.

vue[1] que cette confirmation empirique de ma théorie sur la rigoureuse nécessité de tout ce qui arrive est la plus frappante. Car ce qui a été prédit souvent longtemps à l'avance grâce à la seconde vue, nous le voyons se produire ensuite d'une façon très exacte et avec toutes les circonstances indiquées, même dans le cas où l'on se serait efforcé à dessein et de toute manière de l'empêcher, ou de faire différer, ne serait-ce que d'un détail accessoire, l'événement de la vision communiquée ; ce qui s'est toujours avéré être vain, car ce qui devait faire échouer la prédiction[2] a chaque fois été précisément ce qui a servi à la réaliser. C'est ainsi que, dans les tragédies comme dans l'histoire des Anciens, le malheur annoncé par les oracles, ou par les songes, est justement provoqué par les précautions prises à son encontre. Je me contenterai de citer ici, parmi de si nombreux exemples, celui du roi Œdipe[3] et la belle histoire de Crésus[4] avec Adraste, dans Hérodote[5] (livre Ier, chapitres 35 à 43). Les cas de seconde

1. En allemand : *beim zweiten Gesicht.* **2.** En allemand : *das vorher Verkündete.* **3.** D'après Homère, Œdipe est le roi de Thèbes qui épousa sa propre mère sans le savoir. Un oracle avait averti Le roi Laïos de Thèbes qu'un fils présenterait pour lui un danger mortel. Le nouveau-né fut donc exposé sur le mont Cithéron. Mais Polybe, roi de Corinthe, sauva l'enfant, lui donna le nom d'Œdipe, et l'éleva comme son propre fils. Cependant, devenu adulte, Œdipe eut des doutes sur son origine. Ayant quitté Corinthe, Œdipe apprit par l'oracle de Delphes qu'il tuerait son père et épouserait sa mère. En effet, rencontrant Laïos qui lui barrait le chemin, Œdipe le tua. A son arrivée à Thèbes, ayant réussi à deviner l'énigme du sphinx et à éloigner ainsi le monstre de la ville, Œdipe reçut pour récompense Jocaste sa mère en mariage. **4.** Le dernier roi de Lydie, Crésus (561-546) consulta l'oracle de Delphes et le combla de présents (cf. Hérodote, *Histoires*, livre I, chapitres 50-54). **5.** L'historien grec Hérodote (485-425) séjourna vers 455 à Athènes où il fréquenta Périclès et Sophocle. Il est l'auteur d'un ouvrage en ionien, intitulé *Histoires*, donnant un tableau de la Grèce et de l'Orient aux VIe et Ve siècles, avec de grands développements sur les actions des « Grecs et des Barbares » durant les guerres médiques. L'œuvre commence par l'histoire de Crésus, trompé par des oracles mal interprétés.

vue correspondant à ceux-ci se trouvent dans la troisième livraison du tome VIII des *Archives du magnétisme animal*, publiées par Kieser, et que nous devons au très honnête Bende Bendsen[1] ; on en trouve un également dans la *Théorie de la connaissance des esprits* (§ 155), de Jung-Stilling[2]. Si le don de seconde vue était aussi fréquent qu'il est rare, d'innombrables incidents prévus se réaliseraient à la lettre, et l'indéniable preuve de la rigoureuse nécessité de chaque événement[3], alors accessible à tous, deviendrait universelle. Aucun doute ne pourrait plus subsister sur le fait qu'en dépit de l'apparence purement contingente[4] du cours des choses, il n'en est rien au fond, aussi pencherait-on pour penser que tous ces hasards eux-mêmes, τὰ εἰκῇ φερόμενα[5], sont impliqués dans une nécessité profondément dissimulée — εἱμαρμένη[6] — dont l'unique instrument ne serait autre que le hasard. Percer celle-ci du regard, tel a toujours été l'effort de la *mantique*[7]. Or, de cette mantique justement remise en

---

1. Il s'agit d'un savant danois répondant au nom de Bende Bendsen (1763-1830) qui, ayant voyagé à l'étranger, serait rentré au Danemark pour y être nommé directeur du collège de Frederiksborg. Par ailleurs, on affirme de lui qu'il était somnambule. **2.** Elevé dans le piétisme, Johann Heinrich Jung, dit Jung-Stilling (1740-1817), de 1777 à 1804, écrivit, en cinq volumes — y compris le volume édité par Goethe, *Heinrich Stillings Jugend* — une suite romanesque autobiographique dans laquelle il exprime son sentiment religieux. Ce professeur d'économie avait étudié la médecine à Strasbourg où il avait fait la connaissance de Goethe. **3.** En allemand : *jedes Geschehendes*. **4.** Terme allemand : *zufällig*. **5.** « Les choses se produisant par hasard ». **6.** Le destin. **7.** Pour traduire l'allemand « *Mantik* », Dietrich utilise en tant que substantif la forme « mancie », habituellement utilisée comme suffixe (par exemple dans : « cartomancie »). La mantique est la « divination », le terme venant du grec mantis (signifiant également prophète ou prophétesse), étant de la même famille que le verbe mainomai, « être agité de violents transports », et, par extension, « être inspiré ». L'oniromancie est l'art de deviner par les songes. Dans les deux livres de son écrit intitulé *De divinatione*, Cicéron (106-43 av. J.-C.) a traité, pour le critiquer en général, de l'art de deviner.

mémoire, il s'ensuit, non seulement que toutes les données interviennent avec une totale nécessité, mais encore qu'elles sont déjà, en quelque sorte, prédéterminées et objectivement fixées, du fait même qu'elles s'offrent à l'œil du voyant comme une chose présente [1]. Celle-ci pourrait toutefois se laisser ramener à la simple nécessité de sa production par suite du décours de la chaîne causale [2]. En tout cas, l'intuition ou plutôt l'idée que cette nécessité de tout ce qui arrive n'est nullement aveugle, par conséquent la croyance en une marche aussi réglée que nécessaire du cours de notre vie, est un fatalisme supérieur qui ne se laisse pas démontrer comme le fatalisme simple, mais que chacun subit probablement tôt ou tard, et auquel il se fixe pour un temps ou pour toujours, selon le critère de son mode de pensée. Nous pouvons le nommer, par opposition au fatalisme ordinaire et démontrable, le

---

Avant lui, Aristote (384-322), dans son ouvrage *De divinatione per somnia*, avait émis des doutes sur la véracité des songes. Il écrivit également *De somno et vigilia*, dans lequel il évoque aussi la divination dans le sommeil. Le Grec Posidonios d'Apamée (135-52 av. J.-C.) est également l'auteur d'un ouvrage sur la divination. Plus tard, Artemidorus Daldianus (IIe siècle) est connu pour son onirocritique. Croyant à l'origine divine des songes, Synésios de Cyrène (IVe-Ve siècle) réunit les travaux des deux derniers auteurs dans son livre, publié en 1497 à Venise sous le titre latin *De somniis*. Schopenhauer semble s'appuyer sur Synésios, qui reconnaissait aux songes divinatoires une nature métaphysique et transcendantale dont cet auteur empruntait l'idée à l'Orient.

1. Terme allemand : *Gegenwärtiges*. **2.** En allemand : *infolge des Verlaufs der Kausalkette*. Notons que la voyance est présentée ici comme pouvant être une manifestation de la nécessité des choses et qu'elle n'aurait finalement d'autre principe que le principe nécessaire de causalité, inhérent à la nature ; de là, elle pourrait même se ramener indirectement à figurer comme une sorte de justification du déterminisme naturel. Cicéron, tout au contraire, critiquait l'adhésion stoïcienne à la mantique, précisément du fait que la causalité obéit à des considérations générales, c'est-à-dire non singulières ; d'où, selon cette argumentation, l'impossibilité de prédire le singulier.

fatalisme transcendant[1]. Il ne provient pas, comme le premier, d'une connaissance théorique proprement dite ni de la recherche nécessaire à celle-ci, dont bien peu de gens seraient capables ; mais il découle insensiblement des expériences personnelles de la vie[2]. Parmi celles-ci, certains événements[3] se font observer qui portent nettement en eux, d'une part, grâce à leur spéciale et grande utilité, le cachet d'une nécessité[4] morale ou intérieure, et, d'autre part, celui de la totale contingence[5] extérieure. Leur fréquente répétition conduit peu à peu à l'idée[6], qui devient souvent une conviction, que, si confuse qu'elle puisse paraître, la vie individuelle dans son cours est un tout ayant une tendance concordante déterminée, et qui est doué d'un sens riche d'enseignement tout autant que l'épopée la plus profondément méditée[7]. Mais l'enseignement ainsi départi s'applique seulement à la volonté[8] de l'individu, volonté qui est fondamentalement son erreur individuelle. Car ce n'est pas dans l'histoire universelle[9], comme se l'imagine à tort la philosophie universitaire[10], que se trouvent le plan

---

1. En allemand : *den tranzsendenten Fatalismus.* **2.** Terme allemand : *Lebenslauf.* **3.** Terme allemand : *Vorgänge.* **4.** Terme allemand : *Notwendigkeit.* **5.** Terme allemand : *Zufälligkeit.* **6.** Terme allemand : *Ansicht.*

7. (F) En nous rappelant exactement maintes scènes de notre passé, tout nous y apparaît comme aussi bien arrangé que dans un roman composé d'après un plan méthodique.

8. La volonté individuelle peut ignorer la volonté en soi et vice versa. Cf. MVR, §. 25 : « ces différents degrés de l'objectivation de la volonté, qui sont exprimés dans la multiplicité des individus, comme leurs prototypes, ou comme les formes éternelles des choses, ces formes n'entrent pas dans l'espace et dans le temps, milieu propre à l'individu » (trad., *op. cit.*, p. 174). **9.** Terme allemand : *Weltgeschichte.* L'allusion à l'histoire universelle nous renvoie à Hegel auquel Nietzsche s'opposera exactement pour la même raison. **10.** La philosophie universitaire à laquelle Schopenhauer fait allusion est certainement celle de Hegel, le digne professeur d'université, et le collègue, en 1820, du *Privatdozent* Schopenhauer, à l'université de Berlin.

et la totalité, mais bien dans la vie individuelle. Les peuples n'existent qu'*in abstracto* : les individus sont le réel. Il s'ensuit que l'histoire universelle est dépourvue de signification métaphysique directe ; elle n'est qu'une configuration contingente [1]. Je renvoie à ce que j'ai dit à ce sujet dans le *Monde comme volonté et comme représentation* [2]. — Ainsi, eu égard à la destinée individuelle, se développe chez beaucoup de gens ce *fatalisme transcendant* que favorise, pour chacun peut-être une fois, la contemplation attentive de la vie, lorsque son fil s'est déroulé jusqu'à une longueur respectable. Ce fatalisme transcendant n'apporte pas seulement beaucoup de réconfort, mais peut-être aussi beaucoup de vrai ; voilà pourquoi on l'a affirmé de tout temps, et même à titre de dogme [3]. Le témoignage d'un

---

1. Terme allemand : *zufällig*. **2.** Voir MVR, §.35 : « La même chose est nécessairement vraie du développement de l'Idée, laquelle constitue l'objectité la plus parfaite de la volonté ; en conséquence, l'histoire de l'humanité, le tumulte des événements, le changement des époques, les formes de la vie humaine si différentes selon les pays et selon les siècles, tout cela n'est que la forme accidentelle du phénomène de l'Idée ; aucune de ces déterminations particulières n'appartient à l'Idée, dans laquelle réside l'objectité adéquate de la volonté ; elles n'appartiennent pas à cette apparence, qui tombe sous la connaissance de l'individu ; pour l'idée, elles ne sont pas moins étrangères, accidentelles et insignifiantes que ne leur sont pour les nuages les figures qu'ils dessinent, pour le ruisseau l'image de son remous et de son écume, pour la glace ses arbres et ses fleurs » (trad., *op.cit.*, p. 236).

3. (F) Ni nos actions ni *le cours de notre vie ne sont notre œuvre* ; ce qui l'est, et ce que nul ne tient pour tel, c'est notre être et notre existence. Aussi sur cette base, en effet, comme sur celle des événements et des circonstances extérieures se produisant dans un rigoureux enchaînement causal, nos actions et le cours de notre vie se déroulent avec une absolue nécessité. En conséquence, dès la naissance de l'homme, le cours entier de son existence est irrévocablement fixé jusque dans les détails, de sorte qu'un somnambule à la puissance la plus élevée pourrait le prédire exactement. Nous devrions avoir devant les yeux cette grande et sûre vérité, en considérant et en jugeant le cours de notre vie, nos actes et nos souffrances.

homme du monde et d'un courtisan éprouvé, Knebel [1], qui le porta alors qu'il avait atteint l'âge de Nestor (il était nonagénaire), mérite d'être cité ici pour sa complète impartialité. Il dit dans une lettre : « En observant attentivement, on trouvera que dans la vie de la plupart des hommes il y a un certain plan qui leur est en quelque sorte assigné par leur propre nature ou par les circonstances qui les mènent. Si changeants et diversifiés que puissent être les événements de leur vie, on finit pourtant par apercevoir un tout qui permet de remarquer en lui un certain accord... On voit distinctement aussi la main d'une destinée déterminée, si cachée que soit son action, et qu'elle soit mise en mouvement par un effet extérieur ou par une impulsion intérieure ; car des mobiles contradictoires se manifestent assez souvent dans sa tendance. Si confuse que soit la course, on y aperçoit toujours une raison [2] et une direction [3]. » (*Œuvres posthumes*, 2e édition, 1840, t. III, p. 452.)

Le plan méthodique du cours individuel de la vie, évoqué ici, s'explique en partie par la constance et l'inflexible logique du caractère inné, qui ramène toujours l'homme dans la même ornière. Ce qui est le plus conforme à ce caractère, chacun le reconnaît directement et sûrement, si bien qu'en règle générale il ne l'accueille pas dans la conscience claire et réfléchie, mais il agit en conséquence, directement et comme par

---

1. En 1897, paraissait un ouvrage consacré à l'écrivain allemand Karl Ludwig von Knebel (1744-1834), sous la signature de P. Besson, *Un ami de la France à la cour de Weimar : Charles-Louis de Knebel*. Après un service de huit ans dans l'armée du prince royal de Prusse, Knebel se rendit à Weimar, où la duchesse Amélie lui confia l'éducation d'un de ses fils. Il doit sa place dans la littérature allemande à la correspondance qu'il entretint avec Goethe, la veuve de Schiller et d'autres personnages en vue. Poète d'un certain mérite, il a également laissé des traductions de Lucrèce et de Properce. **2.** Terme allemand : *Grund*. **3.** Terme allemand : *Richtung*.

instinct. Ce mode de connaissance, en tant qu'il passe ainsi à l'action sans être parvenu à la claire conscience, est comparable aux *reflex actions*[1] de Marshall Hall[2]. Grâce à quoi, tous ceux qui ne subissent aucune contrainte, soit du dehors, soit par suite de leurs idées fausses et de leurs préjugés, comprennent et poursuivent leur intérêt individuel, même sans pouvoir s'en rendre compte ; c'est ainsi que la tortue, couvée dans le sable par le soleil et sortie péniblement de son œuf, se dirige aussitôt directement vers l'eau qu'elle ne peut apercevoir. Tel est donc le compas intérieur, le trait secret qui mène chacun sur *la* seule et véritable voie qui lui soit appropriée, mais dont il n'aperçoit la direction adéquate que lorsqu'il l'a laissée derrière lui. Cependant, face à la puissante influence et à la violence des circonstances extérieures, cela ne semble pas suffisant ; et il n'est pas très croyable que ce qu'il y a de plus important au monde, la vie humaine achetée au prix de tant de travail, de maux et de souffrances, doive recevoir seulement la moitié de sa direction, la partie qui vient du dehors, uniquement de la main d'un hasard[3] vraiment aveugle, qui n'est rien en lui-même et est dépourvu de tout arrangement. Il y a certaines images, nommées anamorphoses[4] (voir les travaux de

---

1. Mouvements réflexes. **2.** Marshall Hall (1790-1857), médecin et physiologiste anglais, se spécialisa dans le traitement des maladies nerveuses. Il découvrit en 1832 le mouvement réflexe, et publia, dans *Philosophical Transactions* 1833, ses résultats sous le titre, « Reflex Function of the Medulla Oblongata and Medulla Spinalis ». **3.** Terme allemand : *Zufall.* **4.** Sans précisément exprimer, comme ici, le terme ni l'idée d'anamorphose, Schopenhauer évoque par ailleurs des phénomènes de modification du champ de la vision : en particulier, dans le texte intitulé « Observations psychologiques », et là par un effet de grossissement ou de rapetissement des objets visualisés, aux sections 324 a, 325, 329, et 348. Voir *Éthique et politique*, notre édition, pages 124, 125, 126, 140.

Pouillet, 2, 171 [1]), qui ne montrent à l'œil nu que des difformités grimaçantes et mutilées, tandis que, vues dans un miroir plan, elles présentent des figures humaines régulières — de même, la conception purement empirique du train du monde ressemble à cette vue de l'image à l'œil nu, tandis que la recherche des desseins du hasard [2] ressemble à celle présentée par le miroir plan, qui unit et arrange le pêle-mêle précédent. Néanmoins, on peut toujours opposer à cette opinion celle en vertu de laquelle la connexion [3] méthodique, que nous croyons percevoir dans les données de notre vie, n'est qu'un effet inconscient de notre imagination ordonnante et schématisante, en vertu de laquelle, de la même façon, nous voyons en traits nets et beaux, sur un mur taché, des figures et des groupes humains en introduisant une connexion méthodique dans la tache que le plus aveugle des hasards a produite. Il faut donc présumer que ce qui est pour nous, au sens le plus élevé et le plus vrai du mot, le juste [4] et l'utile [5], ne peut être ce qui est simplement projeté et jamais exécuté, ce qui, par conséquent, n'a jamais reçu d'autre existence que dans notre esprit, les *vani disegni che non han' mai loco* [6] de l'Arioste [7], et dont nous regretterions ensuite toute notre vie l'anéantissement par le hasard. Mais c'est plutôt ce qui est imprimé effective-

---

1. Schopenhauer renvoie aux *Éléments de physique expérimentale et de météorologie* (1827), tome 2, page 171, de Claude Servais Mathias Pouillet (1791-1868) qui fut nommé professeur de physique à la Sorbonne en 1838. Pouillet est l'inventeur du pyrhéliomètre et il étudia la compressibilité des gaz. Il dirigea le Conservatoire des arts et métiers et fut élu membre de l'Institut. Député et attaché à la famille d'Orléans, il refusa, en 1850, le serment à Louis Bonaparte : il dut abandonner sa chaire. **2.** En allemand : Absicht des Schicksals. **3.** Terme allemand : *Zusammenhang.* **4.** En allemand : *das Rechte.* **5.** En allemand : *das Zuträgliche.* **6.** « Vains desseins qui n'ont jamais lieu. ». **7.** Il s'agit du poème de l'Arioste (1474-1533), *Roland furieux*, 34, 75, publié une première fois en 1516, et sous sa forme définitive en 1532.

ment sur le grand tableau de la réalité et dont nous disons avec conviction, après que nous en avons reconnu l'opportunité[1] : *sic erat in fatis* (cela devait arriver)[2]. Une unité du contingent[3] et du nécessaire[4] résidant au plus profond des choses devrait donc veiller en quelque sorte à la réalisation de l'opportun en ce sens. En vertu de quoi, la nécessité intérieure se présentant comme impulsion instinctive, ensuite la réflexion raisonnable et enfin l'action extérieure des circonstances devraient collaborer en se relayant mutuellement dans la vie humaine, au point de la faire apparaître, une fois à son terme, lorsqu'elle est accomplie, comme une œuvre d'art bien polie et parachevée ; quoique, peu de temps auparavant, alors qu'elle n'était encore qu'à l'état de devenir, elle ne se laissât souvent reconnaître ni plan ni but, ainsi que toute œuvre d'art seulement projetée. Mais celui qui, pénétrant l'achèvement, examinerait avec précision un tel courant de vie[5], en resterait émerveillé comme s'il était l'œuvre de la prévision[6], de la sagesse[7] et de la persévérance[8] les plus réfléchies. Son importance totale dépend toutefois de la nature ordinaire ou extraordinaire du sujet. De ce point de vue on pourrait admettre l'idée très transcendante qu'à la base de ce *mundus phœnomenon*[9], dans lequel règne le hasard, se trouve partout un

---

1. Terme allemand : *Zweckmäszigkeit.* **2.** Ovide, *Les Fastes*, I, 481. **3.** En allemand : *Einheit des Zufälligen und Notwendigen.* **4.** Le contingent est ce qui se trouve opposé au nécessaire : le contingent est ce qui peut être ou ne pas être, tandis que le nécessaire est soit absolument ou catégoriquement, soit hypothétiquement. **5.** Terme allemand : *Lebenslauf.* **6.** Terme allemand : *Vorhersicht.* **7.** Terme allemand : *Weisheit.* **8.** Terme allemand : *Beharrlichkeit.* **9.** « Ce monde du phénomène » ou monde de la perception. Terme approprié à la philosophie kantienne.

mundus intelligibilis [1] qui domine le hasard lui-même [2]. — Assurément, la nature fait tout pour l'espèce et rien pour l'individu, parce que celle-là est tout pour elle et celui-ci rien [3]. Mais ce que nous supposons agir ici ne serait pas la nature, ce serait le côté métaphysique situé au-delà de la nature, qui existe entier et indivisible en chaque individu, et auquel, par conséquent, tout s'applique.

On devrait sans doute, pour tirer ces choses au clair, répondre auparavant aux questions suivantes : Est-il possible qu'il y ait un total malentendu entre le caractère et la destinée d'un homme ? — Ou bien, toute destinée, envisagée sous son point essentiel, s'accorde-t-elle avec tout caractère ? — Ou enfin une nécessité secrète et insaisissable, comparable à l'auteur d'un drame, les adapte-t-elle réellement chaque fois l'un à l'autre ? — Voilà précisément ce que nous ne savons pas.

Cependant, nous croyons être à tout instant maîtres de nos actions. Seulement, si nous jetons un coup d'œil rétrospectif sur notre vie et que nous envisageons nos passages [4] malheureux avec leurs conséquences, souvent nous ne comprenons pas comment nous avons pu faire ceci ou ne pas faire cela ; de sorte qu'il semble qu'une force étrangère a dirigé nos pas [5]. C'est pourquoi Shakespeare écrit :

---

1. « Un monde intelligible » ou monde de la pensée. Terme approprié à la philosophie platonicienne. **2.** Résumons : le monde où pour nous « règne le hasard » est, en fait, gouverné par la nécessité qui régente ce qui nous apparaît comme étant le hasard. **3.** On vient de lire dans le même texte : « Les peuples n'existent qu'*in abstracto* : les individus sont le réel ». Maintenant, pour la nature, le réel des individus n'est plus rien. **4.** Terme allemand : *Schritte.* **5.** Terme allemand : *Schritte.*

Fate, show thy force ; ourselves we do not owe ;
What is decreed must be, and be this so[1] !

Les Anciens[2] ne se lassent pas de proclamer en vers et en prose la toute-puissance du destin, en montrant l'impuissance de l'homme contre lui. On constate partout que c'est là une conviction dont ils sont pénétrés, en pressentant une mystérieuse concaténation des choses plus profonde que ne l'est la concaténation clairement empirique (à rapprocher les XIXe et XXXe *Dialogues des morts* de Lucien[3] ; les *Histoires* d'Hérodote[4], livres I, chap. XCI, et IX, chap. XVI). De là, les nombreuses dénominations de cette idée en grec : πότμος, αἶσα, εἱμαρμένη, πεπρωμένη, μοῖρα, Ἀδράστεια, et peut-être d'autres encore. Le mot πρόνοια[5] au contraire dérange l'idée de la chose, car il vient de νοῦς[6] : ce qui le rend clair et compréhensible, mais en même temps superficiel et faux[7]. Goethe

---

1. Extrait de *La Nuit des Rois* (*Twelfth Night*, 1600), Acte I, scène 5 : Destin, montre ta force : nous ne le devons pas à nous-mêmes ; /Ce qui est décrété doit être, et qu'il en soit ainsi ! /Schopenhauer cite ces mêmes vers dans « Métaphysique du beau et esthétique » ; voir dans le présent volume, p. 193 **2.** A ce point précis, on peut se demander pourquoi Dietrich renverse l'ordre des lignes suivantes du texte de Schopenhauer et, après la citation des vers de Shakespeare, continue par le passage sur Goethe et son *Götz von Berlichingen* ! **3.** Lucien (120-après 180), écrivain grec originaire de Syrie, fut rhéteur ambulant jusqu'à l'âge de quarante ans ; il se fixa alors à Athènes où il se consacra à la philosophie. **4.** Voir la note 3, p. 43. **5.** Prévision. **6.** Esprit.

7. (H) Il est extraordinaire de voir à quel point les Anciens étaient emplis et imprégnés du concept d'un destin omnivalent (εἱμαρμένη, fatum) : c'est ce dont témoignent non seulement les poètes, particulièrement la tragédie, mais aussi les philosophes et les historiens. A l'époque chrétienne, ce concept est passé à l'arrière-plan et est moins recherché, parce qu'il a été dépossédé par le concept de la prévision (πρόνοια), qui présuppose une origine intellectuelle et, en tant que provenant d'un être personnel, n'est pas compris d'une façon aussi rigide ni aussi irrévocable, ni même aussi profonde et mystérieuse, ne peut non plus remplacer le premier, lui a plutôt fait le reproche de l'incroyance.

dit aussi, dans *Götz von Berlichingen*[1] (Acte V) : « Nous autres hommes, nous ne nous conduisons pas nous-mêmes ; de mauvais esprits possèdent une force en vertu de laquelle ils s'acharnent à notre perte. » Il dit de même dans *Egmont*[2] (Acte V, dernière scène) : « L'homme s'imagine diriger sa vie, se conduire lui-même, tandis que son fond le plus intime est entraîné irrésistiblement vers sa destinée. » Oui, le prophète Jérémie l'a déjà dit : « La voie de l'homme ne dépend point de l'homme, et personne ne peut marcher ni conduire ses pas comme il le veut » (Chap. x, § 23). Tout cela repose sur le fait que nos actions sont le produit nécessaire de deux facteurs dont l'un, notre caractère, reste immuable[3] mais ne nous est connu qu'*a posteriori*, c'est-à-dire progressivement ; quant à l'autre, ce sont les motifs. Ceux-ci résident à l'extérieur, sont amenés nécessairement par le cours des choses et déterminent le caractère donné[4], à condition que sa nature reste la même, avec une nécessité semblable à celle d'un mécanisme. Or, le moi jugeant le décours[5] s'ensuivant de la sorte est le sujet de la connaissance, en tant que tel il est étranger aux deux et le simple spectateur critique de leur action. Aussi lui est-il permis de s'étonner de temps à autre.

Si on a saisi le point de vue de ce fatalisme transcendant et qu'à partir de lui on examine une vie individuelle, on a souvent devant les yeux le plus curieux de tous les spectacles, dans le contraste entre la contingen-

---

1. Le drame de *Götz von Berlichingen* (1773) représente le héros anarchique du Sturm und Drang. **2.** Le drame d'*Egmont* (1775-1787) exalte encore le héros démonique. **3.** Cf. MVR, 55, trad., *op. cit.*, p. 364. **4.** Résumons : le caractère donné est donc immuable dans sa nature avec une nécessité quasi mécanique ; mais, déterminé par les motifs, nous ne le connaissons que progressivement. Cf. MVR, 23, trad., *op. cit.*, p. 155. **5.** Terme allemand : *Verlauf*.

ce[1] physique manifeste d'une donnée et sa nécessité morale métaphysique, laquelle d'ailleurs n'est jamais démontrable et ne peut qu'être imaginée. Pour saisir ceci par un exemple universellement connu qui, par sa netteté, est en même temps propre à servir de type, qu'on se reporte à la pièce de Schiller : *La Course vers la forge*[2]. Le retard de Fridolin y est amené tout à fait par hasard, parce qu'il s'est arrêté pour servir la messe, et ce retard est pour lui, d'autre part, absolument nécessaire et sauveur. Peut-être chacun trouvera-t-il dans sa propre vie, en y réfléchissant bien, des cas analogues, quoique d'importance moindre et moins caractéristiques. Cela poussera beaucoup de gens à admettre qu'*une force secrète et inexplicable* dirige tous les contours de notre vie, très souvent, il est vrai, contre notre intention du moment, mais cependant en conformité avec la totalité objective et l'opportunité[3] subjective de celle-là et qu'elle est, par conséquent, appropriée à nos véritables intérêts, ; nous reconnaissons trop souvent après coup la folie des vœux en sens contraire. *Ducunt volentem fata, nolentem trahunt*[4], a

1. Terme allemand : *Zufälligkeit*. 2. Il s'agit de l'une des nombreuses ballades que Schiller (1759-1805) a écrites dans les dix dernières années de sa vie, et qui a pour héros le page Fridolin dont la patronne, la comtesse de Saverne, ne tarissait pas d'éloges sur son compte. Une âme envieuse, le chasseur Robert, parvient à persuader le comte que le jeune homme aime sa femme. Ordre fut donné par le comte de jeter dans la fournaise des mines le premier qui se présenterait en posant une certaine question. Fridolin fut ainsi chargé de se rendre aux mines. Rencontrant sur son chemin une église, le page y entre pour servir la messe. Il s'acquitte ensuite de son message, alors on lui dit que l'ordre de son maître a été exécuté. En vérité, Robert, impatient de voir aboutir ses manigances, était arrivé à la forge avant ce dernier, et c'est lui qui fut précipité dans la fournaise. 3. Terme allemand : *Zweckmäszigkeit*. 4. « Le destin mène l'homme consentant, traîne le rebelle. »

dit Sénèque[1] (Lettre CVII à Lucilius). Une telle force entraînant chaque chose par un fil invisible devrait unir aussi celles que la chaîne causale laisse sans lien avec les autres, de telle façon qu'elles se rassembleraient au moment voulu. Elle dominerait alors les données de la vie réelle aussi complètement que le poète domine celles de son drame : le hasard et l'erreur, qui viennent troubler d'abord et immédiatement la suite causale régulière des choses, seraient les simples instruments de sa main invisible.

Par-dessus tout, une considération nous pousse à admettre l'hypothèse hardie d'une pareille force insondable, issue de l'unité de la profonde racine de la nécessité et de la contingence[2] : c'est que l'*individualité* déterminée et singulière de tout être humain, sous le rapport physique, moral et intellectuel, qui est tout pour lui et doit en conséquence provenir de la plus haute nécessité métaphysique, s'affirme d'autre part (ainsi que je l'ai démontré dans mon ouvrage principal, au livre II, chapitre 43[3]), comme le résultat nécessaire du caractère moral du père, de la capacité intellectuelle de la mère et de la corporisation totale des deux[4]. Or l'union des parents, en règle générale, est amenée par des circonstances fortuites en apparence. Ici donc s'im-

---

1. Sénèque (4 av. J.-C.-65 ap. J.-C.), écrivain moraliste romain né à Cordoue, écrivit des œuvres philosophiques : 124 de ses lettres à Lucilius sont conservées. **2.** En allemand : *Wurzel der Notwendigkeit und Zufälligkeit.* **3.** MVR, Supplément au Livre quatrième, titre du chapitre XLIII : « Hérédité des qualités ». **4.** Théorie développée dans MVR, Supplément au livre IV, chap. XLIII, trad., *op.cit.*, pp. 1268-1284. Voir p. 1269 : « L'homme ainsi hériterait de son père ses qualités morales, son caractère, ses penchants, son cœur, et de sa mère au contraire son intelligence,avec le degré, la nature, la direction qu'elle comporte. Cette hypothèse trouve une confirmation réelle dans la pratique, sauf qu'au lieu de se déterminer sur une table d'expériences comme en physique, cette vérification réelle résulte en partie d'observations longues et nombreuses, faites avec un soin délicat, et en particulier aussi de témoignages historiques. »

pose irrésistiblement à nous l'exigence ou le postulat métaphysico-moral d'une dernière unité de la nécessité et de la contingence[1]. Quant à obtenir une idée claire de cette racine unitaire de l'une et de l'autre, je tiens la chose pour impossible : tout ce qu'on peut dire à ce sujet, c'est qu'elle serait à la fois ce que les Anciens nommaient destin (εἱμαρμένη, πεπρωμένη, *fatum*), ce qu'ils entendaient par le génie directeur de chaque individu, mais pas moins aussi ce que les chrétiens révèrent comme Providence[2] (πρόνοια). Ces trois choses diffèrent, il est vrai, l'une de l'autre, en ce que le *fatum* est regardé comme aveugle, et les deux autres comme doués de la vue ; mais cette différence anthropomorphique disparaît et perd toute importance dans l'essence profonde et métaphysique des choses, où nous avons simplement à chercher la racine de cette unité inexplicable du contingent avec le nécessaire, qui apparaît comme le recteur secret de toutes les choses humaines.

La représentation du *genius* attaché à chaque individu et présidant au cours de sa vie, est probablement d'origine étrusque ; mais elle était universellement répandue chez les Anciens. Ce qu'elle a d'essentiel se trouve dans des vers de Ménandre[3] qui nous ont été conservés par Plutarque[4] (*De la tranquillité d'âme*, chap. XV ; voir aussi Stobée[5], *Eclogae*, livre I, chap.

1. En allemand : *Einheit der Notwendigkeit und Zufälligkeit.* **2.** Terme allemand : *Vorsehung.* **3.** Ménandre (342-291 av. J.-C.) est un poète comique grec : c'est le plus grand représentant de la Nouvelle Comédie attique. **4.** Plutarque (46-120 env.) est un historien grec. Il écrivit 75 ouvrages de morale, de philosophie, et de pédagogie. C'est aussi un biographe curieux de la peinture des caractères. **5.** Stobée (env. 500 après J.-C.), nommé d'après sa ville natale Stobi en Macédoine, est un écrivain grec ; il a laissé des *Eclogae physicae et ethicae* et dressé une anthologie analytique de plus de 500 extraits de poèmes et de fragments en prose.

VI, § 4, et Clément d'Alexandrie[1], *Stromates*, livre V, chap. XIV) :

Ἅπαντι δαίμων ἀνδρὶ συμπαραστατεῖ
Εὐθὺς γενομένῳ, μυσταγωγὸς τοῦ βίου
Ἀγαθός[2].

Platon, à la fin de sa *République* (livre X), décrit comment chaque âme, avant sa reconnaissance, choisit un sort vital, avec la personnalité qui lui convient, et il dit ensuite :

Ἐπειδὴ δ' οὖν πάσας τὰς ψυχὰς τοὺς βίους ᾑρῆσθαι, ὥσπερ ἔλαχον, ἐν τάξει προσιέναι πρὸς τὴν Λάχεσιν, ἐκείνην δ' ἑκάστῳ, ὅν εἵλετο δαίμονα, τοῦτον φύλακα ξυμπέμπειν τοῦ βίου καὶ ἀποπληρωτὴν τῶν αἱρεθέντων[3].

Porphyre[4] s'est livré sur ce passage à un très intéressant commentaire que nous a conservé Stobée (*Eclogae*, livre II, chap. VIII, § 37). Mais Platon avait dit un peu plus haut, par rapport à ceci : οὐχ ὑμᾶς δαίμων λήξεται, ἀλλ' ὑμεῖς δαίμονα αἱρήσεσθε· πρῶτος δὲ ὁ λαχὼν (le sort que détermine seulement l'ordre du

---

1. Clément d'Alexandrie (vers 150-entre 211 et 216), Père de l'Eglise, écrivit des ouvrages actuellement perdus. Les *Stromates* décrivent l'état d'âme du gnostique chrétien. **2.** « Dès qu'un homme voit la lumière du jour, il a pour compagnon un génie, qui devient le mystagogue de sa vie, un bon génie. » **3.** « Après que toutes les âmes eurent choisi leur genre de vie selon le rang marqué par le sort, elles s'approchèrent dans le même ordre de Lachésis, et celle-ci donna à chacune le génie qu'elle avait élu, afin qu'il lui servît de gardien durant sa vie et l'aidât à remplir sa destinée. » **4.** Porphyre de Tyr (232-305), est un philosophe grec néo-platonicien d'origine syrienne. Son traité antichrétien fut réfuté par plusieurs Pères de l'Eglise. **5.** « Un génie ne choisira point les âmes, mais les âmes choisiront un génie. La première que le sort désignera choisira une nouvelle vie, et son choix sera irrévocable. » **6.** Horace (65-8 av. J.-C.), le plus grand poète romain après Virgile.

choix) πρῶτος αἱρείσθω βίον, ᾧ συνέται ἐξ ἀνάγκης[5]. Horace[6] exprime la chose en beaux vers :

Scit Genius, natale comes qui temperat astrum,
Naturæ deus humanæ mortalis, in unum
Quodque caput vultu multabilis, albus et ater[1].

Un passage très curieux sur ce *genius* se trouve dans Apulée[2], *Du dieu de Socrate* (édit. des Deux-Ponts, pp. 236-238). Il y a dans Jamblique[3], *De mysteriis Egyptorium*, section IX, chap. VI : *De proprio daemone*, un chapitre court, mais important. Toutefois, les lignes de Proclus[4], dans son commentaire sur l'*Alcibiade* de Platon (édit. F. Creuzer, 1820, t. I, p. 77), sont plus curieuses encore :

Ὁ γὰρ πᾶσαν ἡμῶν τὴν ζωὴν ἰθύνων καὶ τάς τε αἱρέσεις ἡμῶν ἀποπληρῶν τὰς πρὸ τῆς γενέσεως καὶ τὰς τῆς εἱμαρμένης δόσεις καὶ τῶν μοιρηγενετῶν θεῶν, ἔτι δὲ τὰς ἐκ τῆς προνοίας ἐλλάμψεις χορηγῶν καί παραμετρῶν οὗτος ὁ δαίμων ἐστί κ. τ. λ.[5]

---

1. Ces vers sont extraits des *Epistulae*, 2, 2, 187-189 : « Il le sait, le génie qui régit l'astre natal, ce dieu mortel de la nature humaine qui, un autre pour chacun, change de visage, à la fois lumière et ténèbres. » **2.** Apulée (env. 125-185), romancier latin né en Numidie, auteur de l'unique roman latin conservé, *Les Métamorphoses* ; célèbre pour le récit intitulé, *Lucius ou l'Âne d'or.* **3.** Il s'agit ici du Jamblique philosophe (env. 250-325) et non du Jamblique romancier (IIe siècle apr. J.-C.). Le philosophe combina la philosophie de Plotin avec des idées théosophiques d'origine orientale. Dans son *Livre sur les Mystères des Égyptiens*, il oppose le néo-platonisme au christianisme. **4.** Proclus (411-485), philosophe grec originaire de la Lycie, s'opposa au christianisme. Successeur de Syrianos à la direction de l'école d'Athènes, il est connu pour ses commentaires des dialogues de Platon. **5.** « Car celui qui dirige notre vie entière, réalise les décisions de nos choix acquises avant notre naissance, répartit les dons du destin et des dieux nés du destin, qui offre et mesure aussi la lumière du soleil de la Providence, celui-là est le génie, etc. »

Théophraste Paracelse[1] a très profondément compris cette idée, quand il dit : « Pour que le *fatum* soit bien reconnu, chaque homme a un esprit qui habite hors de lui et place son siège dans les étoiles supérieures. Il se sert des bosses[2] de son maître ; il lui présente les présages[3] avant sa naissance et après sa mort ; car il demeure après lui. Ces esprits se nomment *fatum* » (*Œuvres de Théophraste*, Strasbourg, 1603, in-folio, t. II, p. 36). Il est remarquable que cette idée se trouve déjà chez Plutarque. Il dit, en effet, qu'outre la partie de l'âme versée dans le corps terrestre, une autre partie, plus noble, reste au-dehors et plane sur la tête ; elle a la forme d'une étoile, et c'est à bon droit qu'on l'appelle son démon, son génie qui dirige le corps, et auquel les sages obéissent volontairement. Le passage est trop long pour être cité tout entier ; il se trouve dans le *Démon de Socrate*, chap. XXII. Voici la phrase principale :

Τὸ μὲν οὖν ὑποβρούχιον ἐν τῷ σώματι φερόμενον Ψυχὴ λέγεται · τὸ δὲ φθορᾶς λειφθὲν οἱ πολλοὶ Νοῦν καλοῦντες ἐντὸς εἶναι νομίζουσιν αὐτῶν· οἱ δὲ ὀρθῶς ὑπονοοῦντες ὡς ἐκτὸς ὄντα Δαίμονα προσαγορεύουσι.[4]

Je remarque en passant que le christianisme, qui transformait volontiers, on le sait, les dieux et les démons des païens en diables, paraît avoir fait de ce génie des Anciens le *spiritus familiaris* des savants et

1. Paracelse (1493-1541), médecin et philosophe suisse, écrivit *Le Livre des Paragranum*, les *Sermones*, etc.

2. (F) Types, protubérances, boules. De l'italien *bozza, abbozzare, abbozzo*, d'où viennent l'allemand *bosserien* (travailler en bosse) et le français « bosse ».

3. Praesagia. 4. « Ce qui est plongé dans le corps s'appelle âme ; mais la partie inaccessible à la corruption est nommée intelligence par la foule, qui s'imagine que cette faculté est en nous. Quant à ceux qui jugent sagement, ils sentent qu'elle est hors de nous, et ils l'appellent Démon. »

des magiciens. — La représentation chrétienne de la Providence est trop connue, pour qu'il soit nécessaire d'insister sur ce point. — Ce ne sont d'ailleurs que des conceptions figurées et allégoriques de ce qui nous occupe. Il ne nous est pas permis, en effet, de saisir les vérités les plus profondes et les plus mystérieuses autrement qu'en images et en allégories.

À la vérité, cependant, cette force, cachée et régentant même les influences extérieures, peut n'avoir en définitive sa racine que dans notre propre et mystérieux intérieur ; car l'alpha et l'oméga de toute existence réside finalement en nous-mêmes. Mais la plus simple possibilité de la chose, au cas le plus heureux, nous ne la concevrons, elle aussi, qu'au moyen d'analogies et d'allégories, dans une certaine mesure et de fort loin.

L'analogie la plus proche de l'action[1] inhérente à cette force nous est offerte par la *téléologie de la nature*, qui présente l'opportun[2] sans intervention de la connaissance du but, surtout là où apparaît l'opportunité extérieure, c'est-à-dire celle qui existe entre les êtres différents et même disparates, et jusque dans l'inorganique. Nous avons un exemple frappant de ce genre dans le bois flotté, qui précisément est abondamment charrié de la mer aux terres dépourvues d'arbres. Un autre exemple est le continent de notre planète, lequel est entièrement emporté dans la direction du pôle Nord, dont l'hiver, pour des raisons astronomiques, est de huit jours plus court, et, de ce fait, beaucoup plus doux que celui du pôle Sud. Cependant l'opportunité intérieure, qui se manifeste incontestablement dans l'organisme complet, l'étonnant accord de la technique de la nature avec son simple mécanisme,

---

1. Terme allemand : *Walten*. **2.** En allemand : *das Zweckmäszige*.

ou celui du *nexus*[1] *finalis*[2] avec le *nexus effectivus*[3] (à ce sujet je renvoie à mon œuvre principale tome 2, chapitre 26, pp. 334-339)[4], nous fait voir aussi, d'une façon analogue, comment ce qui provient de points différents et même très éloignés, semblant étrangers les uns aux autres, conspire cependant au but final et y aboutit nettement, sans être dirigé par la connaissance, mais en vertu d'une nécessité supérieure qui précède toute possibilité de connaissance. — De plus, si l'on se représente la théorie de la naissance de notre système planétaire établie par Kant[5] et plus tard par Laplace[6], théorie dont la vraisemblance est très proche de la certitude, et si l'on se livre à des considérations comme celles qu'on trouve dans mon œuvre principale, tome 2,

---

1. D'après Tacite, dans les *Annales*, 6, 22 : *Naturalium causarum nexus* (l'enchaînement des causes naturelles). **2.** *Nexus finalis* : cause finale. **3.** *Nexus effectivus* : cause efficiente. **4.** Le chapitre XXVI du Supplément au Livre II a pour titre : « De la téléologie ». Cf. MVR, trad., *op. cit.*, pp. 1050-1066. Les pages auxquelles renvoie Schopenhauer concernent « l'art qui préside à la structure de tout animal » (trad., *op. cit.*, p. 1052). En ce qui concerne un organe : « Tout en lui doit donc être approprié à une fin, et les *causae finales* doivent être notre guide dans l'intelligence de la nature organique, comme les *causae efficientes* dans celle de la nature inorganique » (trad., *op. cit.*, p. 1053). **5.** Ici Schopenhauer fait allusion au traité de Kant, *Histoire générale de la nature et théorie du ciel* (1755) dans lequel Kant utilise la méthode mécaniste pour édifier une cosmologie. Édition et traduction de cette œuvre par P. Kerszberg, A.-M. Roviello et Jean Seidengart, Paris, Vrin, 1984. Nous traitons de cette œuvre de Kant dans *La Raison créatrice. Moderne ou postmoderne*, Paris, Kimé, 1996 ; voir le chapitre intitulé : « Contingence et nécessité ». Kant, dans ce traité, parachève et dépasse l'œuvre de Newton en expliquant le premier choc. En 1929, la découverte de l'expansion de l'univers confirmera la conception de Kant relative à l'existence d'univers-îles avançant du fin fond de l'infinité. Cf. Angèle Kremer-Marietti, *op. cit.*, pp.134-139. **6.** Il s'agit de l'œuvre de Laplace, *Exposition d'un système du monde* (1796), qui est une sorte de conclusion apportée à son *Traité de mécanique céleste*, où est exposée son hypothèse cosmogonique.

chapitre 25, page 324[1], si l'on réfléchit, en un mot, comment, du jeu des forces naturelles aveugles, obéissant à leurs lois inflexibles, devait finalement surgir ce merveilleux monde planétaire si bien ordonné, on a ici aussi une analogie qui peut servir, en général et de loin, à admettre la possibilité que même la course vitale individuelle soit dirigée par les événements qui sont souvent le jeu si capricieux du hasard aveugle, mais qui obéissent en quelque sorte à un plan méthodique, conformément au plus grand avantage de la personne[2]. Cela admis, le dogme de la *Providence*, en tant qu'il est totalement anthropomorphique, pourrait être accepté comme vrai, mais non directement et *sensu proprio*[3] ; il serait simplement l'expression indirecte, allégorique et mythique, d'une vérité, et il suffirait donc pleinement, comme tous les mythes religieux, à l'assistance pratique et à l'apaisement subjectif, dans le sens, par exemple, de la théologie morale[4] de Kant, qu'il faut comprendre, elle aussi, comme un simple schéma d'orientation, c'est-à-dire allégoriquement. En *un* mot, la chose ne serait pas vraie, mais tout aussi bonne que vraie. Remarquons que, dans ces sombres

---

1. Le chapitre XXV du Supplément au Livre II a pour titre : « Considérations transcendantes sur la volonté comme chose en soi ». Voir MVR, trad., *op. cit.*, p. 1039 : « Le simple examen empirique de la nature suffit à reconnaître, de la manifestation la plus rudimentaire et la plus nécessaire de toute force naturelle générale, jusqu'à la vie et à la conscience de l'homme, une transition constante, par degrés insensibles, aux limites toutes relatives et presque toujours flottantes ».

2. (H) Αὐτόματα γὰρ τὰ πράγματ´ ἐπὶ τὸ συμφέρον
ῥεῖ, κἂν καθεύδῃς, ἢ πάλιν τἀναντία.
Trad. : *Alors les choses se développent d'elles-mêmes,*
même lorsque tu dors, pour ton bien comme pour le contraire.
(Citation de Ménandre, dans Stobée, *Florilegium*, vol. I, p. 363.)

3. Au sens propre. **4.** Allusion à l'ouvrage intitulé *La religion dans les limites de la simple raison* (1793) que Kant destinait au grand public, et dans lequel il subordonne la religion à la morale.

et aveugles forces primordiales de la nature, du jeu alterné desquelles émane le système planétaire, la volonté de vivre [1], qui apparaît ensuite dans les phénomènes les plus achevés du monde, est ce qui agit déjà à l'intérieur pour le diriger ; travaillant déjà à ses fins, en vertu des sévères lois de la nature, elle prépare là les fondements solides du monde et de son ordre : c'est ainsi que le choc [2] ou l'élan le plus fortuit a déterminé pour toujours l'obliquité de l'ecliptique et la rapidité de la rotation, et que le résultat final doit être la représentation de son essence entière, parce que celle-ci est déjà active dans ces forces originaires elles-mêmes. De façon analogue, toutes les données déterminant les actions d'un être humain, avec l'enchaînement causal qui les entraîne, ne sont aussi que l'objectivation de la même volonté qui se représente aussi dans cet humain. D'où l'on voit, serait-ce comme dans le brouillard, qu'ils doivent aussi concorder avec les fins les plus spéciales de cet être et leur convenir, formant alors, en ce sens, cette force mystérieuse qui dirige la destinée de l'individu, et qui est allégorisée comme étant son génie et sa Providence. Mais, au point de vue purement objectif, il reste l'enchaînement causal ordinaire, uni-

---

1. En allemand : *Der Wille zum Leben*. Nous optons pour le parti de laisser apparaître le terme 'volonté', comme le fait Schopenhauer, et non pas de dissimuler la notion sous un autre terme qui serait « vouloir », comme le fait le traducteur. Le chapitre XXVIII du Supplément au Livre II s'intitule : « Caractère du vouloir-vivre » (que nous lisons donc : « Caractère de la volonté de vivre ». Notons que, dans le texte que nous citons, le traducteur a écrit « volonté de vivre » et non « vouloir-vivre »). Voir MVR, trad., *op. cit.*, p. 1076-1077 : « Tout regard jeté sur ce monde, dont l'explication est la tâche du philosophe, nous atteste et nous confirme que la volonté de vivre, loin d'être une personnification arbitraire, ou même un mot vide de sens, est au contraire la seule expression véritable de l'essence intime de ce monde. Tout se presse et se pousse vers l'existence, autant que possible vers l'existence organique, c'est-à-dire vers la vie, pour en atteindre ensuite l'échelon le plus élevé. »

2. Terme allemand : *Stosz*.

versel, sans exception ; en vertu duquel tout ce qui arrive se produit d'une façon rigoureusement nécessaire, qui remplace l'ordonnance du monde purement mythique, et est même en droit d'en prendre la succession.

La considération générale suivante peut nous le faire mieux comprendre. « Par hasard »[1] signifie la rencontre, dans le temps, de ce qui n'est pas lié causalement. Mais il n'y a rien d'*absolument* fortuit[2]. Le fait même le plus accidentel[3] n'est qu'un fait nécessaire survenu par une voie éloignée. Les causes, placées tout au commencement de la chaîne causale, ont déjà depuis longtemps décidé, au contraire, en toute nécessité, que le fait devait se produire juste maintenant, et par conséquent en même temps que l'autre. Chaque donnée est, en effet, le membre isolé d'une chaîne de causes et d'effets qui se prolonge dans la direction du temps[4]. Or, grâce à l'espace[5], il y a une infinité de ces chaînes, les unes à côté des autres. Cependant, loin d'être complètement étrangères entre elles et sans lien réciproque, elles sont plutôt entrelacées de multiples façons. Ainsi, plusieurs causes originaires agissant maintenant simultanément, et dont chacune produit un autre effet, dérivent d'une cause originaire commune, et sont en conséquence aussi apparentées entre elles que le sont les arrière-petits-fils d'un aïeul ; et, par ailleurs, il faut souvent un seul effet actuel de la rencontre

---

1. Terme allemand : *zufällig*. **2.** Terme allemand : *zufällig*. Nous pouvions, comme nous l'avons déjà fait ici,traduire ce terme par « contingent », nous avons préféré, pour la facilité de lecture, écrire « fortuit ». **3.** Terme allemand : *zufällig*. Nous avons écrit « accidentel » à cause du superlatif, qui irait mal à « fortuit » ou à « contingent ». **4.** Causalité et temporalité ont partie liée ; mais cela n'est vrai que pour les phénomènes, soumis au principe de raison. **5.** MVR, 3, trad., *op. cit.*, p. 30 : « nous reconnaîtrons que l'espace aussi bien que le temps,et tout ce qui existe à la fois dans l'espace et dans le temps, bref tout ce qui a une cause et une fin, tout cela ne possède qu'une réalité purement relative ».

de nombreuses causes différentes issues du passé, chacune en qualité de membre de sa propre chaîne. Toutes ces chaînes causales s'avançant dans la direction du temps forment ainsi un grand réseau commun entrelacé en tous sens, qui se meut également, de toute sa largeur, dans la direction du temps, et constitue le cours du monde[1]. Si maintenant nous nous figurons ces chaînes causales isolées par des méridiens qui seraient situés dans la direction du temps, ce qui est simultané, et, pour cette raison, ne se trouve pas en rapport causal direct, peut être partout indiqué par des cercles parallèles. Or, ce qui est placé sous le même cercle parallèle, quoique ne dépendant pas directement du reste, se trouve néanmoins, par suite de l'entrelacement du réseau entier ou de la totalité de toutes les causes et de tous les effets s'avançant dans la direction du temps, en un rapport indirect quelconque, bien qu'éloigné : la simultanéité actuelle est conséquemment nécessaire. C'est sur elle que repose la rencontre accidentelle de toutes les conditions d'un événement nécessaire au sens élevé, l'accomplissement de ce que le destin a voulu. C'est la raison pour laquelle, par exemple, à la suite de la migration des peuples, quand le flot de la barbarie se répandit sur l'Europe, les plus beaux chefs-d'œuvre de la sculpture grecque, le « Laocoon », l'« Apollon du Vatican », etc., disparurent comme par un coup de théâtre dans le sein de la terre ; ils y attendirent pendant mille ans, intacts, une époque plus douce et plus noble, comprenant les arts et les appréciant, — la fin du XVe siècle, sous le pontificat de Jules II[2], — et reparurent alors à la lumière comme les modèles bien conservés du beau et du véritable type de la figure humaine. C'est également la raison pour

---

1. Terme allemand : *Weltlauf.* **2.** Jules II, Giuliano della Rovere (1443-1513), pape à partir de 1503, fut un fastueux mécène ; il posa en 1506 la première pierre de la basilique Saint-Pierre.

laquelle se produisent au bon moment les occasions et les circonstances importantes et décisives dans la vie de l'individu, et finalement aussi les présages[1], en lesquels la croyance est si générale et si indéracinable, qu'il n'est pas rare de la voir admise même chez les esprits supérieurs. Car rien n'est *absolument* contingent[2], mais tout se produit plutôt nécessairement, et la simultanéité même de ce qui *n'est pas* lié causalement, qu'on appelle le hasard, est nécessaire : puisque ce qui est actuellement simultané a déjà été déterminé *comme tel* par des causes dans le passé le plus reculé. Tout se reflète en tout, toute chose a son écho en toute chose ; et l'axiome bien connu d'Hippocrate[3] (*De alimento*, édit. Kühn, t. II, p. 20), relatif à l'action commune que l'on connaît dans l'organisme, est également applicable à la totalité des choses : Σύρροια μία, σύμπνοια μία, πάντα συμπαθέα.[4] — Le penchant inextirpable de l'homme à tenir compte des présages[5], ses *extispicia*[6] et ὀρνιθοσκοπία[7], ses consultations à l'aide de la Bible, des cartes, du plomb fondu, du marc de café, etc., témoignent qu'il regarde comme possible, en dépit de toute raison, de reconnaître par le présent et par ce qui se trouve nettement sous les yeux ce qui est caché par l'espace ou par le temps, c'est-à-dire ce qui est éloigné ou futur ; de sorte qu'il pourrait déchiffrer celui-ci d'après celui-là, s'il possédait la véritable clef de cette écriture secrète.

Une seconde analogie qui peut, d'un côté tout différent, contribuer à la compréhension indirecte du fatalisme transcendant, est fournie par le *rêve*, avec lequel d'ailleurs la vie a une ressemblance depuis très long-

---

1. *Omina*. **2.** Terme allemand : *zufällig*. **3.** On ne connaît presque rien de la vie d'Hippocrate (env. 460 — env. 380), créateur de la médecine scientifique. Dans le *Corpus Hippocraticum*, de nombreux écrits sont de lui. **4.** « Un seul courant d'ensemble, un seul accord de volontés, tout en sympathie. » **5.** *Omina*. **6.** Examens des entrailles. **7.** Inspections des oiseaux.

temps reconnue et souvent exprimée. L'idéalisme transcendantal[1] de Kant peut même être envisagé comme l'exposition la plus claire de ce caractère de rêve de notre existence consciente, ainsi que je l'ai démontré dans ma critique de sa philosophie[2]. — Et cette analogie avec le rêve nous fait voir, quoique seulement encore dans une lointaine nébuleuse, comment la puissance secrète, qui règle et dirige les événements extérieurs nous concernant, pourrait, en vue de leurs fins par rapport à nous, avoir néanmoins sa racine dans la profondeur de notre propre essence insondable. Dans le rêve aussi, les circonstances qui y deviennent les motifs de nos actions extérieures et indépendantes de nous-mêmes, et souvent même exécrées, se rencontrent par le pur effet du hasard[3]. Il y a cependant entre elles un lien secret et opportun, car une puissance occulte, à laquelle tous les hasards obéissent dans le rêve, dirige et adapte aussi ces circonstances, et uniquement par rapport à nous. Mais le plus étrange, c'est que cette puissance ne puisse être finalement que notre propre volonté[4], à un point de vue toutefois qui ne tombe pas dans notre conscience onirique. De là, il advient que les événements du rêve s'y déroulent si fréquemment contre nos désirs, nous jettent dans l'étonnement, les

---

1. Opposé au scepticisme, se méfiant d'ériger la métaphysique en système, Emmanuel Kant (1724-1804) crée une véritable discipline, la Critique de la raison pure (c'est aussi le titre de son ouvrage de 1781, réédité en 1787), destinée non seulement à réhabiliter la raison, mais encore à la limiter. On appelle « idéalisme transcendantal » sa conception épistémologique, qui consiste à considérer les phénomènes « comme de simples représentations ». D'où l'intérêt de Schopenhauer pour cette philosophie qu'il ne manque pas de critiquer. « Transcendantal » signifie chez Kant : concernant les conditions *a priori* de la connaissance. **2.** MVR, « Appendice : Critique de la philosophie kantienne », trad., *op. cit.*, pp. 519-670. **3.** En allemand : *rein zufällig*. **4.** Notre « propre volonté », comme une force intérieure dont nous n'avons pas conscience, serait en conjonction avec une puissance supérieure, hors de nous, et qui nous dirigerait à notre insu.

ennuis, voire même dans l'épouvante et dans l'angoisse mortelle, sans que la destinée, que pourtant nous dirigeons nous-mêmes secrètement, intervienne pour notre salut. Il en va de même quand, posant anxieusement une question, nous recevons une réponse dont nous nous étonnons ; ou, encore, quand, interrogés nous-mêmes, comme par exemple dans un examen, nous sommes incapables de trouver la réponse qu'un autre, à notre honte, donne excellemment ; et pourtant, dans un cas comme dans l'autre, la réponse ne peut provenir que de nos propres moyens. Pour rendre encore plus claire et faire mieux comprendre cette mystérieuse direction, venue de nous-mêmes, des données dans le rêve, il y a encore une explication qui seule y conviendrait, mais qui est inévitablement de nature obscène. Je suppose que les lecteurs dignes de m'entendre n'en seront pas choqués et ne prendront pas la chose du côté ridicule. On sait qu'il y a des rêves dont la nature se sert dans un but matériel : le dégorgement des vésicules séminales trop garnies. Des rêves de ce genre renferment naturellement des scènes lubriques ; mais quelquefois d'autres rêves font de même qui n'ont nullement ce but et ne l'atteignent pas. La différence en est que, dans les rêves du premier type, les belles et l'occasion se montrent bientôt favorables à nous ; et la nature atteint ainsi son but. Dans les rêves du second type, au contraire, la chose que nous désirons le plus ardemment rencontre toujours de nouveaux obstacles dont nous nous efforçons en vain de triompher, de sorte que, finalement, nous ne parvenons pas au but. Ce qui crée ces obstacles et fait avorter coup sur coup notre ardent désir, ce n'est que notre propre volonté[1], mais venue d'une région située bien

1. Notre « propre volonté » parfois nous donne satisfaction, parfois non ; tout dépend de la topique dont elle relève : soit qu'elle siège dans la « conscience représentée dans le rêve », soit qu'elle se situe au-delà.

au-delà de la conscience représentée dans le rêve, et apparaissant en conséquence dans celui-ci comme destin inexorable. — N'y aurait-il pas maintenant, avec la destinée dans la réalité et avec la méthode que chacun y remarque peut-être dans sa propre existence, un état qui serait analogue à celui que nous venons d'exposer pour le rêve ? Il arrive souvent que nous ayons conçu vivement un projet qui se révèle ensuite comme n'étant pas conforme à notre véritable bien. En attendant, nous le caressons ardemment, jusqu'à la constatation à son égard d'une conjuration du destin, qui met en mouvement toute sa machinerie pour le faire échouer, finissant par nous ramener de force et contre notre volonté [1] dans la voie qui nous convient véritablement. Devant une telle résistance qui semble voulue, beaucoup de gens disent : « Je remarque que cela ne *doit* pas être. » D'autres y voient un présage [2], d'autres encore le doigt de Dieu. Mais tous partagent l'idée que, lorsque le destin s'oppose à un projet avec une si évidente opiniâtreté, nous devons y renoncer. En effet, ne convenant pas à notre détermination, dont nous sommes inconscients, il ne pourrait être réalisé, et, en le poursuivant opiniâtrement, nous ne ferions que nous attirer des coups plus durs de la destinée, jusqu'à ce que nous finissions par retrouver le droit chemin ; ou encore, s'il nous arrivait de forcer la chose, celle-ci ne nous apporterait que malheurs et dommages. La phrase citée plus haut : *Ducunt volentem fata, nolentem trahunt* [3], trouve ici sa pleine confirmation. Dans de nombreux cas, il apparaît véritablement, après coup, que l'échec de tel

1. Il s'agit de notre volonté empirique telle que nous la connaissons ou croyons la connaître. L'objectivation de la volonté en tant qu'elle est une chose en soi produit, pour Schopenhauer, aussi bien une volonté raisonnable qu'une volonté animale. Cf. MVR, 23, trad., *op. cit.*, p. 160. **2.** Terme allemand : *ominös*. **3.** C'est la citation de Sénèque : « Le destin mène l'homme consentant, traîne le rebelle. »

projet a été absolument favorable à notre bien réel ; par conséquent, cela pourrait être aussi le cas lorsque nous n'en savons rien — surtout quand nous considérons comme notre vrai bien le bien métaphysico-moral. — Revenons maintenant à la notion capitale de toute ma philosophie, à savoir que ce qui représente et maintient le phénomène du monde, c'est la *volonté* [1], qui vit et aspire également dans chaque individu, et rappelons-nous en même temps la ressemblance si généralement reconnue de la vie avec le rêve. Alors, pour résumer tout ce qu'il vient d'être dit, nous pouvons admettre d'une façon très générale que, de même que chacun est le directeur du théâtre secret de ses rêves, cette destinée, qui règle notre véritable existence, émane finalement, de quelque façon, de cette *volonté* [2] qui est la nôtre, mais qui, apparaissant cependant comme destinée, opérerait d'une région située bien au-delà de notre conscience individuelle représentative ; tandis qu'au contraire celle-ci livre les motifs directeurs de notre volonté [3] individuelle, empiriquement reconnaissable, qui, en conséquence, doit souvent lutter de la manière la plus violente avec notre volonté [4] se représentant comme destinée, avec notre génie directeur, avec notre

---

1. La volonté maintient le phénomène du monde, que nous ne connaissons qu'à titre de représentation (objet du Livre I du *Monde comme volonté et comme représentation*). A travers la perception de mon corps, je découvre la volonté : nous sommes alors devant l'objectivation de la volonté (objet du Livre II du *Monde comme volonté et comme représentation*). « L'action du corps n'est que l'acte de la volonté objective, c'est-à-dire vu dans la représentation » (MVR, 18, trad., *op. cit.*, p. 141). **2.** La volonté, « apparaissant comme destinée », se situe au-delà de la conscience représentative, car la personne elle-même n'est pas la volonté mais le phénomène de la volonté (cf. MVR, 18, trad., *op. cit.*, p. 156). **3.** « Notre volonté individuelle empiriquement reconnaissable » n'est donc pas la volonté représentée comme destinée. **4.** Quant à notre « volonté se représentant comme destinée », nous lui sommes parfois opposés, car nous ignorons les tenants et les aboutissants de ce qu'elle a tramé pour nous.

esprit, « qui habite hors de nous et place son siège dans les étoiles supérieures[1] ». Car cet esprit voit plus loin que la conscience individuelle, et, inexorable envers elle, il apprête et détermine comme contrainte extérieure ce dont il ne pourrait lui remettre la charge, et qu'il ne veut cependant pas voir périr.

La hardiesse saisissante et même exorbitante de cette idée peut être atténuée en premier lieu par un passage de Jean Scot Erigène[2], à propos duquel il faut rappeler que son Dieu — qui est dépourvu de connaissance et dont on ne peut affirmer le temps ni l'espace, ni les catégories aristotéliciennes, et auquel ne reste en réalité qu'*un seul* attribut, la volonté[3] — n'est manifestement rien d'autre que ce qu'est chez moi la volonté de vivre[4]. Voici le passage : *Est etiam alia species ignorantiæ in Deo, quando ea, quæ præscivit et prædestinavit, ignorare dicitur, dum adhuc in rerum factorum*

1. Il s'agit d'une phrase de Théophraste Paracelse, déjà citée plus haut. **2.** Jean Scot Érigène (v.810-v.870), philosophe irlandais de langue latine, dans *De la division de la nature ou Periphyseon* (867), divise la notion de nature en quatre genres : 1) la nature qui crée et n'est pas créée (Dieu comme origine de tout), 2) la nature qui est créée et qui crée (le Fils) ; 3) la nature qui est créée et ne crée pas (le Monde) ; 4) la nature qui ne crée pas et n'est pas créée (Dieu comme fin de tout). **3.** Le Dieu de Jean Scot Érigène est pure volonté sans connaissance, tandis que les trois facultés de la connaissance sont l'intellect, la raison et les sens. Les première et quatrième divisions de la nature sont incréées : elles impliquent le Créateur ; tandis que les seconde et troisième impliquent les créatures ; mais, finalement, « Dieu sera toutes choses, en tout, quand rien n'existera que Dieu seul ». **4.** La volonté de vivre schopenhauérienne ne se représente que dans l'intellect humain ; ailleurs, elle s'objective : « Ainsi donc, l'homme nous apparaît comme une manifestation particulière et caractérisée de la volonté, dans une certaine mesure, comme une idée particulière ; les animaux, au contraire, manquent de ce caractère individuel, attendu que l'espèce seule a une signification particulière et que les traces de caractère disparaissent à mesure qu'on s'éloigne de l'homme » (MVR, 26, trad., *op. cit.*, p. 177).

cursibus experimento non apparuerint[1] (*De divisione naturæ*, édit. d'Oxford, p. 83). Et bientôt après : *Tertia species divinæ ignorantiæ est, per quam Deus dicitur ignorare ea, quæ nondum experimento actionis et operationis in effectibus manifeste apparent ; quorum tamen invisibiles rationes in se ipso creatas et sibi ipsi cognitas possidet*[2] (*ibidem*, p. 84).

Si, pour saisir jusqu'à un certain point la conception qui vient d'être émise, nous avons appelé à notre secours la ressemblance reconnue de la vie individuelle avec le rêve, il faut, par ailleurs, noter une différence. Dans le simple rêve, le rapport est unilatéral : *un* seul moi veut et sent véritablement, tandis que les autres ne sont que des fantômes. Dans le grand rêve de la vie, au contraire, il y a un rapport réciproque : non seulement l'un y figure dans le rêve de l'autre, tout comme cela est nécessaire, mais celui-ci encore dans le rêve de celui-là ; de sorte qu'en vertu d'une véritable *harmonia præstabilita*[3], chacun pourtant ne rêve que ce qui est en accord avec sa propre direction métaphysique, et tous les rêves de la vie sont si artificiellement entremêlés les uns aux autres que chacun sent ce qui lui est avantageux, et accomplit en même temps ce qui est nécessaire aux autres ; en vertu de quoi, un grand événement universel qui se produit s'accommode à la destinée d'une multitude infinie de personnes, et à chaque destinée d'une façon individuelle. Tous les événements de la vie d'un être humain se trouveraient conséquem-

1. « Il existe une autre sorte d'ignorance en Dieu, dans la mesure où l'on dit qu'il ne sait pas ce qu'il a préconçu et prédéterminé, aussi longtemps que cela ne s'est pas montré au cours des choses effectivement dans l'expérience ». **2.** « La troisième espèce de l'ignorance divine est celle par laquelle Dieu est dit ignorer ce qui n'apparaît pas encore manifestement par l'expérience dans les effets de l'action et de l'opération, bien qu'il possède en lui-même, en tant que telles, les raisons invisibles qu'il a lui-même créées et qui lui sont connues. » **3.** L'harmonie préétablie : thèse de Leibniz.

ment répartis en deux sortes de rapports foncièrement différents : premièrement, en un rapport objectif causal du cours de la nature ; deuxièmement, en un rapport subjectif, qui n'existe que par la relation avec l'individu qui les éprouve, et qui est aussi subjectif que les propres rêves de celui-ci, rapport dans lequel cependant leur succession et leur contenu sont également nécessairement déterminés, mais de la manière dont se succèdent les scènes d'un drame, d'après le plan du poète. Que maintenant ces deux sortes de rapports subsistent ensemble et que la même circonstance s'adapte exactement à toutes deux, comme un anneau de deux chaînes tout à fait différentes, par suite de quoi la destinée de l'un ne manque jamais de s'accommoder à la destinée de l'autre, et chacun est le héros de son propre drame en même temps que le figurant du drame étranger, c'est là une chose qui, en vérité, dépasse notre conception, et que nous ne pouvons nous imaginer qu'à l'aide de la plus merveilleuse *harmonia præstabilita.* Mais, par ailleurs, n'y aurait-il pas de la pusillanimité à tenir pour impossible que les existences de tous les êtres humains aient, dans leur pénétration réciproque, autant de *concentus* [1] et d'harmonie que le compositeur sait en donner aux nombreuses voix apparemment déchaînées de sa symphonie ? Même notre effroi devant cette pensée colossale s'atténue, si nous nous rappelons que le sujet du grand rêve de la vie en un certain sens n'est que la volonté de vivre [2], et que toute la multiplicité des phénomènes est conditionnée par le temps et par l'espace. C'est un grand rêve que rêve un seul être ; mais il le rêve de telle sorte que tout le monde le rêve avec lui. En conséquence, tout se

1. Accord. **2.** Il n'y a ordinairement pas d'autre sujet que la volonté de vivre, bien qu'en elle-même elle soit sans conscience (Chapitre XIX du Supplément au Livre II, MVR, trad., *op. cit.*, p. 897). La volonté n'est pas entraînée dans le tourbillon des modifications (*ibid.*, p. 938).

pénètre et tout s'accommode avec tout. Si maintenant on poursuit cette idée, si l'on admet cette double chaîne de tous les événements, en vertu de laquelle chaque être, d'un côté, est là pour lui-même, agit et suit nécessairement sa propre voie conformément à sa nature, et, d'un autre côté, est en outre destiné et approprié à comprendre un être étranger et à agir sur lui aussi bien que les images des rêves de celui-ci, on devra étendre cette idée à la nature entière, c'est-à-dire également aux animaux et aux êtres dépourvus de connaissance. Alors s'ouvre une fois de plus la possibilité des *omina*, *præsagia* et *portenta* [1] ; ce qui, en effet, d'après le cours de la nature, arrive *nécessairement*, doit par ailleurs être de même regardé comme une simple image pour moi et comme les ornements de *mon* rêve vital, ne se produisant et n'existant que par rapport à *moi*, ou bien aussi comme un simple reflet et un simple écho de *mes* actions et de *mes* expériences ; en conséquence de quoi, le côté naturel et la nécessité originellement démontrable d'un événement ne supprimeraient en aucune façon son caractère d'augure, et réciproquement. Aussi se trompent-ils totalement ceux qui, pour éliminer le caractère d'augure d'un événement, pensent qu'ils démontrent l'inévitabilité de sa production comme provenant très clairement de ses causes naturelles et nécessairement actives, et, si c'est un événement naturel, prennent même un air d'expert pour en traiter en physicien. Car nul homme raisonnable ne doute de ces causes, et personne ne regarde un présage [2] comme un miracle ; mais, précisément parce que la chaîne des causes et des effets, s'étendant à l'infini avec la rigoureuse nécessité et l'imprédictible prédestination qui lui sont propres, a fixé irrémédiablement, à tel instant significatif, la pro-

1. En latin : 1) *omina* : présages envoyés par les dieux ; 2) *praesagia* : pressentiments, prévisions ; 3) *portenta* : signes miraculeux.
2. En allemand : *das Omen*.

duction de cet événement, il en suspectera le caractère d'augure. Aussi la citation : *There are more things in heaven and earth, than are dreamt of in your philosophy*[1] (*Hamlet*, Acte I, scène V) est-elle excellente à rappeler à ces malins, surtout quand ils s'occupent de physique. Par ailleurs, cependant, nous voyons la croyance aux présages[2] ouvrir aussi la porte à l'astrologie ; en effet, la moindre donnée prise pour un présage[3], le vol d'un oiseau, la rencontre d'une personne, etc., est conditionnée par une chaîne de causes aussi infiniment longue et aussi rigoureusement nécessaire que la situation calculable des astres à un moment donné. Seulement, les constellations sont si hautes que la moitié des habitants de la terre les voit en même temps ; tandis que le présage[4], au contraire, n'apparaît qu'à portée de l'individu concerné. Veut-on se représenter encore par une image la possibilité du présage ? On peut comparer celui qui, en une circonstance[5] importante de sa vie enveloppée dans les ténèbres de l'avenir, aperçoit un bon ou un mauvais présage qui l'incite ou le met en garde, à une corde qui, frappée, n'entend pas elle-même, mais, suite à sa commotion, percevrait le son d'une corde étrangère qui résonne avec elle.

La distinction établie par Kant entre la chose en soi et son phénomène[6], en ramenant, comme je l'ai fait, la

---

1. « Il y a plus de choses dans le ciel et sur la terre qu'il n'en est rêvé dans votre philosophie. » La citation de Shakespeare peut se lire comme suit : « Il y a plus de choses dans le ciel et sur la terre qu'il n'en est rêvé dans votre sagesse d'école. » **2.** Termes utilisés : *die Omina.* **3.** Termes utilisés : *als ominös.* **4.** Termes utilisés : *das Omen.* **5.** Terme allemand : *Schritt.* **6.** L'opposition kantienne entre la chose en soi et le phénomène est le fondement même de tout l'édifice schopenhauerien Mais, pour Kant, la chose en soi est par principe inconnaissable et il ne peut en rien dire ; ce n'est vraisemblablement pas le cas pour Schopenhauer, qui traite de la volonté de vivre ou volonté en soi, en connaissance de cause. Voir le chapitre XVIII du Supplément du Livre II, MVR, trad., *op. cit.*, p. 885.

première à la volonté [1] et le second à la représentation, nous donne la possibilité d'envisager, quoique imparfaitement et de loin, la compatibilité de *trois oppositions*. Ces oppositions sont donc :

1° Celle entre la liberté de la volonté en soi [2] et la nécessité générale de tous les actes de l'individu.

2° Celle entre le mécanisme et la technique de la nature, ou le *nexus effectivus* et le *nexus finalis*, ou l'explicabilité purement causale ou téléologique des produits de la nature. (Voir à ce sujet Kant, *Critique du jugement*, § 78 [3], et mon œuvre principale).

3° Celle entre la contingence manifeste de toutes les données de la vie individuelle et leur nécessité morale

---

1. Critique de la philosophie kantienne, MVR, trad., *op. cit.*, p. 523 : « Le plus grand mérite de Kant, c'est d'avoir distingué le phénomène de la chose en soi. » **2.** Cf. MVR, 55, trad., *op. cit.*, p. 381 : « nous voyons que la volonté, sans doute, en soi, et en dehors du phénomène, doit être considérée comme libre, et même toute-puissante, mais que, dans ses différentes manifestations éclairées par la connaissance, donc chez les hommes et les animaux, elle est déterminée par des motifs auxquels le caractère particulier réagit d'une manière toujours identique, selon une loi nécessaire. » **3.** La section 78 de la *Critique du jugement* s'intitule « Union du principe du mécanisme général de la matière avec le principe téléologique dans la technique de la nature ». Nous lisons (traduction Gibelin, Paris, Vrin, 1960, p. 214) : « Donc quoique le mécanisme aussi bien que le technicisme téléologique (intentionnel) de la nature puissent par rapport à un même produit et à sa possibilité dépendre d'un principe supérieur et commun de la nature, par suite de lois particulières, nous ne pouvons, ce principe étant transcendant et à cause de la limitation de notre entendement, joindre les deux principes dans l'explication de la même production naturelle, et même, si la possibilité intérieure de ce produit est intelligible seulement par causalité finale (comme il en est pour les matières organisées) ; nous en restons alors au principe téléologique précité, à savoir que par suite de la condition de l'entendement humain, on ne peut pour la possibilité d'êtres organisés dans la nature admettre aucune autre cause qu'une cause agissant intentionnellement, le simple mécanisme de la nature étant insuffisant pour expliquer ces productions, sans vouloir rien décider cependant au sujet de la possibilité de ces choses, en vertu de ce principe. »

pour la formation de celle-ci, conformément à une finalité transcendante pour l'individu ; ou, en langage populaire, entre le cours de la nature et la Providence.

La clarté de notre conception quant à la compatibilité de chacune de ces trois oppositions, quoique incomplète pour chacune, est cependant suffisante pour la première comme pour la seconde, mais suffit moins pour la troisième. Quoi qu'il en soit, cette notion même incomplète de la compatibilité de chacune de ces oppositions jette la lumière sur les deux autres, en leur servant d'image et de comparaison.

Mais, finalement, ce à quoi aurait abouti, à proprement parler, l'ensemble de cette direction mystérieuse de l'existence individuelle, que nous venons d'observer, ne peut s'établir que d'une façon très générale. Si nous nous en tenons aux cas particuliers, il semble souvent qu'elle ne se propose que notre bien temporel actuel. Pourtant celui-ci, par son insignifiance, son imperfection, sa futilité et son caractère transitoire, ne peut sérieusement constituer son but suprême : nous avons donc à chercher ce but dans notre existence éternelle, au-delà de la vie individuelle. Et alors on peut dire d'une façon toute générale que cette direction donne une telle régularité à notre existence, que, de l'ensemble de la connaissance qui nous vient par elle, naît l'impression métaphysiquement plus efficace sur la *volonté*[1], noyau et essence en soi de l'être humain. Car, quoique la volonté de vivre[2] ne reçoive en somme sa réponse que dans le cours de l'existence, comme phénomène de son effort, chaque être humain est

1. Chapitre XIX du Supplément au Livre II, MVR, trad., *op. cit.*, p. 897 : « La volonté, comme chose en soi, constitue l'essence intime, vraie et indestructible de l'homme. » **2.** La volonté de vivre et le phénomène de son effort se trouvent dissociés par l'écart de l'ignorance, comme chez Jean Scot Érigène.

cependant cette volonté de vivre [1] d'une façon absolument individuelle et particulière, en quelque sorte un acte individualisé de celle-là, dont la réponse suffisante ne peut être aussi, par conséquent, qu'une forme tout à fait déterminée du cours du monde, laquelle lui est donnée par les expériences qui lui sont particulières [2]. Maintenant que les résultats de ma philosophie des choses sérieuses (par opposition à la philosophie universitaire ou philosophie pour rire) ont démontré que le détournement [3] de la volonté de vivre [4] est le but suprême de l'existence temporelle, nous devons admettre que chacun est conduit *là* peu à peu, par la voie tout individuelle qui lui convient, donc aussi souvent par de longs détours. En outre, comme bonheur et jouissance ont le propre de travailler en sens contraire à ce but, nous voyons, pour ce qui correspond à celui-ci, chaque existence humaine immanquablement entremêlée de malheur et de souffrance, dans une mesure très inégale et rarement comble, si ce n'est dans les

---

1. La volonté de vivre individuelle n'est autre que la volonté qui « se manifeste dans les mouvements volontaires du corps, en tant qu'ils ne sont pas autre chose que les actes de la volonté visibles, qu'ils coïncident immédiatement et absolument, qu'ils ne font qu'un avec elle, et qu'ils n'en diffèrent que par la forme de la connaissance, sous laquelle ils se sont manifestés comme représentation » (MVR, 20, trad., *op. cit.*, p. 148). **2.** On est donc renvoyé à la théorie schopenhauérienne de la volonté, non pas comme simple volonté de vivre, mais comme une entité métaphysique, « noyau et essence en soi de l'être humain », et qui est la clé, pour l'individu, « de sa propre existence phénoménale » (MVR, 18, trad., *op.cit.*, p. 141). En tant que chose en soi, elle est « absolument différente de son phénomène » (MVR, 23, trad., *op. cit.*, p. 155). **3.** Terme allemand : *Abwenden.* **4.** Le détournement de la volonté de vivre comme but suprême de l'existence ne contredit pas la théorie de « l'unité et de l'identité absolue de l'essence intime de toutes choses » (« Épiphilosophie », dans le Supplément au Livre IV, MVR, trad., *op. cit.*, p. 1417), qui est commune à tous les panthéistes que cite, d'ailleurs, Schopenhauer : les Éléates, Jean Scot Érigène, Giordano Bruno, et Spinoza.

dénouements tragiques. Alors, il semble ici que la volonté [1] soit jusqu'à un certain point poussée violemment au détournement [2] de la vie, et qu'elle doive renaître à l'existence comme par le fait d'une opération césarienne.

Aussi cette direction invisible, qui ne se manifeste que sous une apparence douteuse, nous accompagne-t-elle jusqu'à la mort, ce véritable résultat et but [3] de la vie. A l'heure de celle-là, quoique ayant leurs racines en nous-mêmes, toutes les puissances mystérieuses, qui déterminent la destinée éternelle de l'être humain, se concentrent pour entrer en action. Leur conflit ouvre la voie que celui-ci doit désormais parcourir, et prépare ainsi sa palingénésie [4] avec tout le bien et le mal qu'elle renferme, et qui fut irrévocablement déterminée par lui-même. C'est là ce qui constitue le caractère hautement sérieux, grave, solennel et terrible de l'heure de la mort. Cette heure est une crise, au sens le plus fort du mot, un jugement dernier [5].

---

1. La violence de la réaction de l'existence, qui est apparemment contraire à la volonté, appartient donc encore à la volonté. **2.** Terme allemand : *Abwendung*. C'est un détournement provisoire qui sera suivi de la renaissance, selon la doctrine orientale de la palingénésie. **3.** Il y a donc chez Schopenhauer, comme il y aura plus tard pour Heidegger, un être-pour-la-mort : *Zum-Tode-Sein*. **4.** Renaissance ou retour à la vie. **5.** Terme allemand : *Weltgericht*. Mais la question demeure de savoir qui juge qui et sur quoi. Chez Kant le jugement dernier était celui de Dieu jugeant une âme immortelle et libre.

PENSÉES SE RÉFÉRANT SOUS TOUT RAPPORT D'UNE MANIÈRE GÉNÉRALE À L'INTELLECT [1]

Tout prétendu exposé philosophique *dépourvu de prémisses* est une mauvaise plaisanterie ; il faut, en effet, toujours regarder une chose comme donnée pour partir d'elle. C'est ce qu'affirme, entre autres, le Δός μοι ποῦ στῶ [2], qui est la condition indispensable de toute action humaine, même de celle qui consiste à philosopher ; nous ne pouvons, en effet, intellectuellement pas plus que corporellement, planer dans l'air libre. Un point de départ du philosopher, une donnée provisoirement admise doivent être ultérieurement compensés et justifiés. Que ce soit chose *subjective*, par exemple la conscience de soi, la représentation, le sujet, la volonté ; ou chose *objective*, ce qui se présente dans la conscience d'autres choses, par exemple le monde réel, les choses extérieures, la nature, la matière, les atomes, un Dieu aussi, une simple notion imaginée à plaisir, comme la substance, l'absolu, ou n'importe quoi d'autre. Aussi, pour corriger le procédé arbitrairement employé et recti-

---

1. Nous suivons le texte allemand original publié dans : Arthur Schopenhauer, *Parerga et Paralipomena*, II, *Sämtliche Werke*, Band V, Suhrkamp Taschenbuch Wissenschaft 665, Stuttgart / Frankfurt am Main, (1986), 1989, pp. 43-108. **2.** Formule d'Archimède : « Donne-moi un point d'appui », déjà citée dans le texte « Droit et politique », §.127 ; voir notre édition de Schopenhauer, *Éthique et politique*, Paris, Le Livre de Poche, 1996, p.92.

fier la prémisse, doit-on changer ultérieurement le *point de vue* et se situer au point de vue opposé, à partir duquel on déduit, dans un philosophème qui la complète, la supposition qui avait été admise au début en tant que le donné : *Sic res accendunt lumina rebus* [1].

Procède-t-on, par exemple, du *subjectif*, comme l'ont fait Berkeley [2], Locke [3] et Kant, chez lequel ce mode de considération a atteint son point culminant, on obtiendra cependant — bien que, vu le caractère réellement *immédiat* du subjectif, cette voie présente les plus grands avantages — une philosophie en partie très limitée, en partie insuffisamment justifiée, si on ne la complète pas en reprenant une autre fois comme donné au point de départ ce qu'il y a en elle de déduit, dérivant ainsi, du point de vue opposé, le subjectif de l'objectif, comme auparavant l'objectif du subjectif. Je crois avoir complété pour l'essentiel, ce point de la philosophie kantienne dans le chapitre XXII du Supplément au *Monde comme volonté et comme représentation* [4], ainsi que dans la *Volonté*

---

1. Lucrèce, *De rerum natura*, I, 1109 : « Ainsi les choses accroissent leurs lumières par les choses ». **2.** George Berkeley (1685-1753), théologien et philosophe irlandais, est l'auteur d'un *Traité concernant les principes de la connaissance humaine* (1710). Il est l'exemple type de l'idéaliste subjectif, pour qui les choses dites matérielles n'existent que pour autant qu'elles sont perçues. Son idéalisme est défini comme étant immatérialiste. **3.** John Locke (1632-1704), philosophe anglais, chercha à préciser quelles étaient les questions susceptibles d'être traitées par l'entendement humain et consigna le résultat de ses recherches, en particulier, dans son *Essai concernant l'entendement humain* (1690). **4.** Schopenhauer a développé un examen de la philosophie de Kant dans sa *Critique de la philosophie kantienne*, en appendice au *Monde comme volonté et comme représentation* (MVR, trad., *op. cit.*, pp. 519-668). Mais, par ailleurs, le chapitre XXII du Supplément au Livre deuxième (MVR, trad., *op. cit.*, pp. 983-1007) a pour titre « Vue objective de l'intellect », et traite spécialement des deux manières de considérer l'intellect, ainsi qu'elles sont énoncées dans le présent texte des *Paralipomena* : la manière subjective et la manière objective. Ce faisant, Scho-

dans la nature[1], sous la rubrique « Physiologie des plantes », où, partant de la nature extérieure, j'en déduis l'intellect.

Procède-t-on, au contraire, de l'objectif et admet-on immédiatement comme chose donnée la matière, par exemple, avec les forces qui se manifestent en elle, on a bientôt la nature entière, car ce mode de considération fournit le pur *naturalisme*[2], que j'ai nommé plus exactement la *physique absolue*. La chose donnée et

---

penhauer dit continuer la voie ouverte par Kant relativement aux philosophies antérieures ; on lit, MVR, trad., *op. cit.*, p. 988 : « Les philosophes antérieurs à Kant, à peu d'exceptions près, ont attaqué ce progrès de notre connaissance du côté où il ne fallait pas le faire. Ils partaient en effet d'une prétendue âme, d'une essence dont la nature intérieure et la fonction propre consistent dans la pensée, dans la pensée abstraite même à proprement parler ; cette âme simple s'exerce sur de purs concepts qu'on lui accorde d'autant plus complètement qu'ils sont plus éloignés de toute réalité intuitive (Je prierai le lecteur de consulter la remarque à la fin du § 6 de mon écrit de concours sur *Le Fondement de la morale*) ». En effet, dans cette « Remarque », Schopenhauer critique la psychologie rationnelle déjà critiquée par Kant, discipline qui divisait l'homme en deux substances tout à fait hétérogènes : le corps matériel et l'âme immatérielle. La position de Schopenhauer continue celle de Kant qui, pour sa part, ne méprisait nullement la sensibilité mise à l'écart par la psychologie rationnelle. Dans le chapitre XXII du Supplément au Livre deuxième, Schopenhauer dénonce le renversement opéré par la psychologie rationnelle, MVR, trad., *op. cit.*, p. 989 : « dans le processus assigné à la connaissance, on fit du produit dernier de cette connaissance, de la pensée abstraite, l'élément premier et primitif, et l'on attaqua ainsi l'affaire par le mauvais bout ».

1. *Ibid.*, MVR, trad., *op. cit.*, p. 984 : « Tout ce que j'ai dit dans les deux chapitres précédents sur la vie et l'activité cérébrale appartient déjà à cette manière de voir ; de même les explications fournies dans mon traité *Sur la volonté en général* sous la rubrique *Physiologie des plantes*, ainsi qu'une partie des éclaircissements contenus dans la rubrique *Anatomie comparée*. Néanmoins l'exposé qui va suivre des résultats de toutes ces recherches ne sera nullement superflu. » **2.** La naturalisme nie toute existence du surnaturel, c'est-à-dire ce qui dépasse la nature des êtres créés.

par conséquent le réel absolu s'y trouvent donc universellement compris en lois naturelles et en forces naturelles, avec ce qui les porte, la matière, spécialement considérée dans un nombre incommensurable de soleils planant en liberté dans l'espace infini, et de planètes qui les entourent. Il n'y a donc partout, en définitive, que des globes, les uns éclairant, les autres éclairés. Sur la surface de ces derniers, par suite d'une fermentation putride, s'est développée la vie, et celle-ci fournit en ascendance graduelle des êtres organisés qui se représentent comme individus ; ils commencent et finissent temporellement, par la procréation et la mort, conformément aux lois naturelles dirigeant la force vitale, et qui, comme toutes les autres, constituent l'ordre des choses, régnant et subsistant d'éternité en éternité, sans commencement ni fin, ne rendant aucun compte d'elles-mêmes. Le sommet de cette gradation est occupé par l'homme, dont l'existence, qui a également un commencement, compte de nombreuses et grandes douleurs, peu de joies, chichement mesurées, puis, comme toute autre, a une fin ; celle-ci venue, c'est comme s'il n'avait jamais existé. Or, notre *physique absolue*, qui dirige ici les considérations et joue le rôle de la philosophie, nous explique comment, par suite de ces lois naturelles subsistant et prévalant absolument, *un seul* phénomène détermine ou écarte l'autre : tout se passe naturellement, et, en conséquence, est pleinement clair et compréhensible ; si bien qu'on pourrait appliquer à l'ensemble du monde ainsi expliqué une phrase que *Fichte*[1], quand il produisait en chaire ses talents dramatiques, aimait à répéter avec un profond sérieux, une vigueur imposante et un air

---

1. Johann Gottlieb Fichte (1762-1814), auteur d'un système d'idéalisme transcendantal tendant à parfaire le système kantien, est l'auteur d'un *Essai d'une critique de toute révélation* (1792), qui a d'abord été attribué à Kant. Schopenhauer critique Fichte de vouloir tirer l'objet du sujet (MVR, 7, trad., *op. cit.*, pp. 60-61).

qui abasourdissaient les étudiants : « C'est parce que c'est ; et c'est ainsi, parce c'est ainsi. » Ce serait donc folie, semble-t-il, de ce point de vue, de vouloir chercher à un monde aussi clairement présenté d'autres explications dans une métaphysique tout imaginaire sur laquelle on appuierait de nouveau une morale qui, ne pouvant être fondée par la physique, ne reposerait que sur les fictions de la métaphysique. C'est la cause du mépris visible avec lequel les physiciens envisagent la métaphysique. — Mais, pour autant qu'on se complaise personnellement en ce philosopher purement *objectif*, l'étroitesse du point de vue et la nécessité de le modifier, autrement dit le sujet connaissant avec son pouvoir de connaissance, en vertu duquel seul tous ces mondes existent, deviendra l'objet de la recherche et se manifestera tôt ou tard, sous différentes formes et en diverses occasions. Ainsi, par exemple, l'expression des mystiques chrétiens, qui appliquent à l'intellect humain la dénomination de *lumière de la nature*, lumière qu'en dernier ressort ils déclarent incompétente, renferme l'idée que la validité de toutes les connaissances de cette espèce est seulement relative et conditionnée, nullement inconditionnelle ; tandis que c'est à cette dernière opinion que s'attachent nos rationalistes actuels, qui méprisent pour cette raison les mystères profonds du christianisme, comme les physiciens méprisent la métaphysique et tiennent, par exemple, le dogme du péché originel pour une superstition, parce que leur intelligence bourgeoise pélagienne[1] a heureusement trouvé que l'un n'est pas responsable des fautes commises par l'autre six mille ans avant lui. Le rationaliste suit, en effet, avec confiance sa *lumière de*

1. Pelagius (360 ?-420 ?), moine et théologien britannique opposé au péché originel, réfuta la théorie augustinienne de la prédestination pour affirmer, au contraire, la liberté de la volonté eu égard au bien et au mal. Il est l'auteur d'un essai, *Sur le libre arbitre*.

la nature et, à partir de là, s'imagine réellement et avec sérieux n'avoir purement et absolument *rien* été, il y a quarante ou cinquante ans, avant que son papa en bonnet de nuit l'ait engendré et que sa maman l'oie l'ait déposé avec bonheur en ce monde, et n'être né de *rien*. Seulement, ainsi il n'en *peut* mais... le pécheur et pécheur originel !

Donc, comme nous l'avons dit, la spéculation selon la connaissance *objective* commencera tôt ou tard par différentes voies, mais tout d'abord par la voie philosophique inévitable, à flairer, pour tout dire, à comprendre que toute la sagesse obtenue par l'aspect objectif est portée au crédit de l'intellect humain, qui doit donc avoir ses formes, ses fonctions et son mode de représentation propres, et qu'elle est, par conséquent, entièrement conditionnée par lui ; il s'ensuit la nécessité de modifier même ici le point de vue et de substituer au procédé objectif le procédé subjectif. Il s'agit donc de prendre maintenant pour objet de l'enquête, en soumettant ses pleins pouvoirs à un examen, l'intellect même qui, dans la plus parfaite confiance en soi, a jusqu'ici érigé son dogmatisme sans sourciller, et audacieusement jugé *a priori* le monde avec toutes les choses qu'il renferme, et même sa possibilité. Cela nous conduit d'abord à Locke, ensuite à la *Critique de la raison pure*, et enfin à l'idée que la lumière de la nature n'est dirigée que vers l'extérieur ; laquelle, si elle voulait se rétrofléchir et éclairer son propre intérieur, ne le pourrait pas, et serait impuissante à dissiper directement l'obscurité qui y règne ; ce n'est que par la voie détournée de la réflexion, qu'ont suivie Locke et Kant, et avec de grosses difficultés, qu'elle reçoit une information indirecte de son propre mécanisme et de sa propre nature. Alors, il devient clair, en ce qui concerne l'intellect, qu'il est originellement destiné à saisir de simples relations, comme celles qui suffisent au service d'une volonté individuelle ; pour cette raison, il est essentiellement dirigé *vers l'extérieur*, et même là, il n'est qu'une simple force de surface [1], semblable à l'électricité, c'est-à-dire qu'il n'atteint que la superficie des choses et ne pénètre pas dans leur intérieur ; aussi ne peut-il comprendre ni scruter de fond en comble un seul de tous ces êtres, même le plus humble et le plus simple, objectivement clairs et réels pour lui ; le principal en tous et en chacun demeure pour lui un secret. Mais c'est à partir de quoi il est ensuite conduit à la vue plus profonde désignée du nom d'*idéalisme* [2], et selon laquelle ce monde objectif avec son ordre, tels qu'il les saisit par ses opérations, ne sont donc présents ni absolument ni en eux-mêmes, mais naissent au moyen des fonctions du cerveau et par conséquent n'existent avant tout que dans celui-ci ; par suite, sous cette forme, ils n'ont qu'une existence conditionnelle et relative, et ne sont qu'un pur phénomène, une pure apparition. Alors qu'il avait toujours recherché les raisons de sa propre existence, par quoi il supposait que les lois de la connaissance, de la pensée et de l'expérience étaient purement objectives, existant absolument en elles-mêmes et pour elles-mêmes, en vertu de quoi lui-même existait comme le reste, si donc maintenant, tout à l'opposé, l'homme reconnaît que son intellect et par conséquent son existence sont la condition de toutes ces lois et de ce qui s'ensuit, alors il comprend que l'idéalité de l'espace, du temps et de la causalité, désormais clarifiée, laisse place à un tout autre ordre de choses que celui de la nature ; et il se voit contraint, en dernier ressort, de

---

1. Nietzsche a retenu cette notion de « force de surface » (*Flächenkraft*), voir *Le Livre du philosophe,* 54, Collection GF Flammarion, 1991, p. 57 : « Notre entendement est une force de surface, il est *superficiel.* C'est ce qu'on appelle aussi “subjectif” ».
2. En matière de connaissance, l'idéalisme ramène les choses à l'esprit, l'être à la pensée. L'idéalisme transcendantal de Kant aborde les phénomènes en tant qu'ils sont des représentations de l'esprit.

considérer celle-ci comme le résultat, ou le hiéroglyphe, de celui-là. 27

Combien peu l'entendement humain est, en règle générale, propre aux spéculations philosophiques, c'est ce que montre, entre autres, le fait suivant : après tout ce qui a été dit depuis Descartes à ce sujet, le *réalisme*[1] continue bravement à s'opposer à l'*idéalisme*, avec l'affirmation naïve que les corps en tant que tels n'existent pas seulement dans notre représentation, mais qu'ils ont aussi une existence réelle. Or, précisément, c'est cette réalité même, cette modalité d'existence, avec tout ce qu'elle renferme, que nous affirmons n'exister que dans la *représentation*[2] et ne pouvoir être rencontrée nulle part ailleurs ; car elle n'est qu'un certain ordre nécessaire de l'enchaînement de nos représentations[3]. En dépit de tout ce qu'ont enseigné les idéalistes du passé, Berkeley surtout, c'est seulement de Kant qu'on détient la juste preuve fondamentale, parce qu'il n'en finit pas d'un seul coup, mais il entre dans les détails, sépare l'*a priori*[4], et tient compte partout de l'élément empirique. Mais pour celui qui a enfin compris l'idéalité du monde, l'affir-

---

1. En matière de connaissance, le réalisme prétend saisir les réalités véritables, indépendantes de la pensée ; celle-ci ayant, par leur propre fait, la puissance d'accéder à l'être. Pour Schopenhauer, ainsi qu'il l'exprime, « la possibilité de connaissance la plus parfaite, la clarté la plus grande appartient nécessairement à ce qui est propre à la connaissance comme telle, c'est-à-dire à la forme de connaissance, mais non pas à ce qui n'est en soi ni représentation ni objet, et qui n'est devenu connaissable qu'en entrant dans ces formes *a priori*, qu'en devenant représentation et objet » (MVR, 24, trad. *op. cit.* , p. 164). Sa position n'en est pas moins un idéalisme. **2.** Schopenhauer est bien plus idéaliste que Kant, lorsqu'il affirme que l'existence n'est qu'une modalité qui n'existe que dans la représentation. **3.** En allemand : *weil sie nur eine gewisse notwendige Ordnung der Verknüpfung unserer Vorstellungen ist.* **4.** Rappelons que, ne devant nécessairement rien à l'expérience, l'a priori kantien peut néanmoins et doit accompagner l'expérience en vue de la connaissance.

mation que celui-ci n'en existerait pas moins, même si personne ne le représentait, apparaît véritablement absurde, parce qu'elle exprime une contradiction ; car son être-présent signifie seulement son être-représenté[1]. Son existence même repose sur la représentation du sujet. C'est ce que signifie l'expression : il est objet[2]. Aussi les religions anciennes, plus nobles et meilleures que les nôtres, le brahmanisme et le bouddhisme, donnent-elles également pour base à leurs doctrines l'*idéalisme*, dont elles croient que le peuple lui-même est capable de le comprendre. Le judaïsme, au contraire, est une concentration et une consolidation en règle du réalisme.

Un faux-fuyant introduit par Fichte, et habilité depuis lors, se trouve dans l'expression « *le moi* ». La forme substantive et l'article qui la précède transforment ici ce qui est essentiellement, et tout simplement subjectif, en objet. Car, en réalité, « moi » désigne le subjectif comme tel, qui par conséquent ne peut jamais devenir objet[3], c'est-à-dire le connaissant en opposition et comme condition de toute chose connue. C'est ce qu'a exprimé la sagesse de toutes les langues, en ne traitant pas « moi » en tant que substantif ; aussi, pour émettre son idée, Fichte a-t-il dû faire violence à la

---

1. La position de Schopenhauer semble se rapprocher de celle de Berkeley qui affirmait : *Esse est percipi* (être, c'est être perçu) ; mais Schopenhauer affirme ici (en allemand) : *denn ihr Vohandensein bedeutet eben nur ihr vorgestelltwerden*, et il ne dit donc pas : son être est son être représenté ; car, seule, la présence à moi de la chose est représentée et dépend de ma représentation.

2. (F) En regardant un objet quelconque, par exemple une perspective, si je viens à penser qu'au même moment on me coupe la tête, je sais que l'objet restera fixe et immuable : ce qui implique tout au fond que moi aussi je le resterai également. Voilà ce que comprendront peu de gens ; mais je le dis pour ceux qui comprendront.

3. Pour Fichte, selon Schopenhauer, « la chose en soi, au lieu de résider comme autrefois dans l'objet, se trouvait maintenant représentée par le sujet » (MVR, 7, trad., *op. cit.*, p. 62).

langue.[1] Un autre faux-fuyant encore plus effronté de ce *Fichte* est précisément l'abus éhonté qu'il a pratiqué du mot « poser »[2] — et qui, au lieu d'avoir été réprimandé et anéanti, est encore jusqu'à ce jour, derrière son exemple et sous son autorité, en usage fréquent chez presque tous les philosophâtres, à titre d'adjuvant constant des sophismes et de toutes les doctrines fallacieuses. *Poser* (*ponere*, dont *propositio*) est depuis toujours une expression purement logique, qui énonce que l'on accepte, présuppose, affirme provisoirement une chose en avant-main dans le contexte logique d'une controverse ou d'une discussion, et qu'on partage provisoirement avec elle également la validité logique et la vérité formelle — en quoi sa réalité[3] propre, sa vérité matérielle et son existence[4] restent entièrement intactes, non décidées, et se maintiennent telles quelles. Mais *Fichte* par ruse s'octroya une fois pour toutes, en ce qui concerne ce « poser », une signification naturellement obscure et nébuleuse que les niais firent valoir, alors que les sophistes l'utilisent en permanence : depuis que le « moi » s'est d'abord posé nommément lui-même, et qu'il a ensuite posé le « non-moi », « poser » signifie la même chose que « faire[5] », « produire », bref : poser dans le monde, on ne sait comment, tout ce qu'on aimerait accepter sans raison comme existant et le relier à d'autres choses, est précisément *posé*, et donc se tient et existe, tout à fait réellement. Telle est la méthode encore valable de la philosophie dite postkantienne, et c'est l'œuvre de Fichte 28.

L'idéalité du temps[6], découverte par *Kant*, relève en

1. Dietrich a omis de traduire la fin de ce paragraphe 28. **2.** Terme allemand : *setzen*. **3.** Terme allemand : *Realität*. **4.** Terme allemand : *Wirklichkeit*. **5.** Terme allemand : *schaffen*. **6.** MVR, 24, trad., *op. cit.*, p. 163 : « L'illustre Kant nous a appris que le temps, l'espace et la causalité, avec toutes leurs lois et toutes leurs fomes possibles, existent dans la conscience, indépendamment des objets qui apparaissent dans ces formes, et qui en font tout leur contenu. »

fait déjà de la *loi d'inertie* qui appartient à la mécanique. Car, au fond, ce qu'établit cette loi, c'est que le temps à lui seul ne peut produire aucun effet physique, que par conséquent, à lui seul et en lui-même, il ne change rien au repos ou au mouvement d'un corps. D'où, il résulte déjà qu'il n'a aucune réalité physique, qu'il n'est qu'un idéal transcendantal, c'est-à-dire qu'il tire son origine non pas des choses mais du sujet connaissant. S'il était inhérent aux choses-mêmes et en elles-mêmes à titre de propriété ou d'accident[1], il faudrait que sa quantité, c'est-à-dire sa longueur ou sa brièveté, pût y changer quelque chose. Or, il n'en est absolument rien ; au contraire, le temps passe sur les choses sans leur imprimer la moindre trace. Car les *causes*[2] seules sont *agissantes* dans le cours du temps ; lui-même n'agit pas. Aussi, quand un corps est soustrait à toutes les influences chimiques — comme, par exemple, le mammouth dans les banquises de la Léna, un moucheron dans l'ambre, un métal précieux dans un air complètement sec, les antiquités égyptiennes (et même les chevelures) dans leurs nécropoles abritées — des milliers d'années n'y changent rien. Cette absolue inefficacité du temps constitue, en mécanique, la loi d'inertie. Un corps s'est-il mis une fois en mouvement, nul temps ne peut le lui enlever, ou simplement le diminuer ; le mouvement est absolument sans fin, si des causes physiques ne réagissent pas sur lui ; de même, un corps au repos repose éternellement, si des causes physiques n'interviennent pas pour le mettre en mouvement. Il en résulte donc déjà que le temps n'est pas une chose en contact avec les corps, qu'ils sont, les uns et l'autre, de nature hétérogène, en ce que cette réalité, qui appartient au corps, ne peut être attribuée

---

1. Terme allemand : *Accidenz.* **2.** MVR, 4, trad., *op. cit.*, p. 33 : « C'est donc la causalité qui forme le lien entre le temps et l'espace. »

au temps ; que celui-ci, par conséquent, est absolument idéal, attaché uniquement à la représentation et à ses organes ; au contraire, les corps révèlent, par la diversité de leurs qualités et les effets de celles-ci, qu'ils ne sont pas seulement un idéal, mais encore une réalité objective, une chose en elle-même, aussi différente de son phénomène que celle-ci puisse être.

Le *mouvement* est avant tout un simple fait phoronomique, c'est-à-dire un fait dont les éléments sont empruntés exclusivement au temps et à l'espace. La matière[1] est *ce qui est mobile* ; elle est déjà objectivation de la chose en soi. Mais son absolue *indifférence à l'égard du repos et du mouvement*, en vertu de laquelle elle persiste à jamais en l'un comme en l'autre dès qu'elle les a adoptés, persévère[2] toujours et est fin prête à planer une éternité durant, aussi bien qu'à se reposer une éternité durant ; elle prouve que l'espace et le temps, et par conséquent les oppositions de mouvement et de repos en résultant exclusivement, ne se rattachent nullement à la chose en soi, qui se représente comme matière et lui prête toutes ses forces, mais, au contraire, lui sont *complètement étrangers*, et qu'ils ne sont pas passés de l'*apparaissant* à l'apparition, mais

---

1. MVR, 4, trad., *op. cit.*, p. 32 : « Si le temps et l'espace peuvent être connus par intuition chacun en soi et indépendamment de la matière, celle-ci ne saurait en revanche être aperçue sans eux. D'une part, la forme même de la matière, qu'on n'en saurait séparer, suppose déjà l'espace ; et, d'autre part, son activité, qui est tout son être, implique toujours quelque changement, c'est-à-dire une détermination du temps. Mais la matière n'a pas pour condition le temps et l'espace pris séparément ; c'est leur combinaison qui constitue son essence, celle-ci résidant tout entière, comme nous l'avons démontré, dans l'activité et la causalité. » **2.** MVR, 4, trad., *op. cit.*, p. 31-32 : « Toute la réalité de la matière réside, en effet, dans son activité, et aucune autre ne saurait lui être attribuée, même en pensée. »

proviennent de l'*intellect* saisissant la matière, et auquel ils appartiennent comme étant ses formes [1].

Soit dit en passant, celui qui veut se donner une intuition très vive de ladite loi d'inertie n'a qu'à s'imaginer qu'il se trouve à l'extrémité du monde, devant l'espace vide et qu'il tire alors un coup de pistolet. Sa balle volera, dans une direction inchangée durant toute l'éternité ; les billions d'années ne la fatigueront point, l'espace ne lui fera jamais défaut, le temps ne lui manquera jamais. Ajoutez que nous savons tout cela *a priori,* et que, pour cette raison, nous le savons en pleine certitude [2]. Je crois que l'idéalité transcendantale, c'est-à-dire la fantasmagorie cérébrale de toute la chose deviendra ici étonnamment sensible.

On établirait au sujet de l'*espace* un ordre d'idées analogue et parallèle à celui qui vient d'être établi au sujet du temps, en disant que la matière, à travers toute la division qui l'étend, ou à travers la compression dans l'espace, ne peut être ni augmentée ni diminuée ; et aussi que, dans l'espace absolu, repos et mouvement en ligne droite se rencontrent phoronomiquement et sont la même chose.

Mainte affirmation des philosophes anciens témoigne qu'ils ont pressenti la doctrine kantienne de l'idéalité du temps : c'est ce que j'ai déjà démontré en d'autres endroits. *Spinoza* dit nettement : *Tempus non est affectio rerum, sed tantum merus modus cogitandi* [3] (*Cogitata metaphysica,* chap. IV). En réalité, la conscience de

---

1. MVR, 4, trad., *op. cit.*, p. 34 : « C'est de la combinaison du temps et de l'espace que résulte la matière, qui est la possibilité de l'existence simultanée ». **2.** MVR, 14, trad., *op. cit.*, p. 102 : « La certitude de cette dernière [l'astronomie] provient de ce qu'elle a à sa racine une intuition *a priori*, et par conséquent infaillible, de l'espace, et de ce que les rapports dans l'espace dérivent les uns des autres avec une nécessité (principe d'être) qui donne la certitude *a priori* et peuvent se déduire en toute sûreté. » **3.** « Le temps n'est pas une détermination des choses, mais seulement un simple mode de pensée. »

l'idéalité du temps se trouve même à la base de la notion pérenne de l'*éternité*. Cette dernière est essentiellement l'antithèse du temps, et c'est ainsi que l'ont toujours compris les gens avisés, qui n'ont pu parvenir à cette vue qu'en sentant que le temps existe seulement dans notre intellect, non dans l'essence de choses en soi. Seule l'inintelligence des esprits totalement incapables n'a su se représenter le concept d'éternité que comme un temps sans fin. C'est ce qui a contraint les scolastiques à employer des formules telles que celles-ci : *Æternitas non est temporis sine fine successio, sed nunc stans*[1]. Platon avait déjà dit dans le *Timée*[2], et Plotin le répète : Αἰῶνος ἐικὼν κινητὴ ὁ χρόνος[3]. On pourrait, dans cette vue, nommer le temps une éternité séparée, et soutenir ainsi l'affirmation selon laquelle s'il n'y avait pas d'éternité, le temps non plus ne pourrait être ; l'unique raison pour laquelle notre intellect peut produire celui-ci, c'est parce que nous-mêmes nous nous tenons dans l'éternité. — Depuis Kant, la notion de l'*être hors du temps* a été introduite dans le même sens en philosophie ; mais il faut l'employer avec beaucoup de précaution, car elle est en effet de celles qu'on peut encore penser[4], mais qu'aucune intuition ne peut ni justifier ni réaliser.

On comprendrait très bien que le temps s'écoule

---

1. « L'éternité n'est pas une succession de temps sans fin, mais un maintenant persistant. » **2.** Cf. *Timée*, 37 d. **3.** « Le temps est l'image mobile de l'éternité. » **4.** Notons ici la reprise schopenhauerienne de la séparation kantienne entre « penser » et « connaître ». Nietzsche souligne, de son côté, l'opposition kantienne entre « croire » et « connaître » ; cf. Nietzsche, *Le Livre du philosophe*, *op. cit.*, p. 46 : « Kant dit (dans la deuxième préface de la *Critique de la raison pure*) : "Je devais supprimer le savoir pour faire place à la croyance ; le dogmatisme de la métaphysique, c'est-à-dire le préjugé d'avancer dans la métaphysique sans la critique de la raison pure, telle est la véritable source de toute croyance résistant à la moralité et qui est toujours très dogmatique." Très important ! Un besoin de civilisation l'a poussé ! Singulière antithèse "savoir et croyance". Qu'en auraient pensé les Grecs ! Kant ne connaissait pas d'autre antithèse ! mais nous ! »

d'une manière parfaitement uniforme partout et dans toutes les têtes, s'il était une chose purement extérieure, objective, perceptible par les sens, tout comme les corps. Mais il ne l'est pas ; on ne peut ni le voir ni le toucher. Il n'est pas non plus le simple mouvement ou une transformation quelconque des corps ; au contraire, ce mouvement est *dans* le temps qui est donc déjà présupposé par lui comme condition : car l'horloge avance ou retarde, mais pas le temps avec elle, seule la marche uniforme et normale à laquelle se rapportent cette avance et ce retard est le cours réel du temps. L'horloge *mesure* le temps : elle ne le *fait* point. Quand toutes les horloges s'arrêteraient, quand le soleil lui-même resterait immobile, quand tout mouvement, toute transformation cesserait, cela n'entraverait pas un seul instant le cours du temps, il poursuivrait sa marche uniforme, et, sans qu'aucun changement ne se manifestât en lui, il continuerait à s'écouler. Néanmoins, comme nous l'avons dit, il n'est pas une chose perceptible, rien qui soit donné du dehors ni agissant sur nous, pas un objet proprement dit. Il ne reste là précisément rien d'autre : le temps se trouve en nous, il constitue le développement propre et incessant de notre esprit, ou, comme le dit Kant, la forme du sens intérieur et de toute notre représentation ; par conséquent, l'assise la plus profonde du théâtre de ce monde objectif. Cette uniformité du cours du temps dans toutes les têtes démontre, plus que n'importe quoi, que nous sommes tous plongés dans le même rêve, que c'est *un seul* être qui le rêve [1]. Le temps nous semble si totale-

---

1. À partir de là, la traduction de Dietrich ne suit plus exactement l'ordre du texte : elle saute plusieurs alinéas.

(F) Si, à propos de cette origine subjective du temps, on était tenté de s'étonner de la complète uniformité de son cours dans tant de têtes différentes, on se trouverait en présence d'un malentendu : l'uniformité signifierait en effet ici que dans le même temps il s'écoule autant de temps, présupposition absurde d'un second temps dans lequel, rapide ou lent, s'écoulerait le premier.

ment se *comprendre de lui-même* que par nature nous n'en acquérons pas une conscience claire, mais que nous remarquons en lui seulement le cours des transformations qui, sans aucun doute, sont connues de façon purement empirique. Aussi est-ce déjà un pas significatif de la culture philosophique que d'affronter purement le temps en se posant en toute conscience la question : « Qu'est donc cette essence qui ne se laisse ni voir ni entendre, mais en laquelle, afin d'être réel, tout doit entrer, et qui avance avec une régularité inexorable sans que quoi ce soit ne puisse l'arrêter ni l'accélérer, serait-ce dans le moindre détail, comme on aimerait le faire envers une telle entité, y compris les transformations progressives des choses pour en finir avec elles dans un temps donné ? » — Mais le temps nous semble tant *se comprendre de lui-même* qu'au lieu d'interroger de la sorte, nous ne pouvons penser aucune existence sans lui : il est pour nous ce qui peut rester de présupposition de chaque existence. Et cela prouve qu'il est une pure forme de notre intellect, c'est-à-dire de l'appareil de la connaissance, dans lequel, précisément comme dans l'espace, tout doit se représenter, c'est pourquoi précisément avec le cerveau le temps cesse, y compris toute l'ontologie des êtres fondée sur lui. — La même démonstration s'applique aussi à l'espace : si je puis laisser derrière moi tous les mondes si nombreux soient-ils, je ne puis jamais parvenir à sortir de l'espace ; je l'emporte toujours avec moi, parce qu'il s'attache à mon intellect et constitue la machine représentative de ma boîte crânienne.

Sans de telles considérations, qui ont pour fondement la *Critique de la raison pure* [1], aucun progrès sérieux n'est possible en métaphysique. C'est pourquoi

1. Schopenhauer accepte donc sans restriction l'Esthétique transcendantale de Kant dans la *Critique de la raison pure*, et, par conséquent, pour lui comme pour Kant, l'espace et le temps sont des intuitions *a priori*.

les sophistes, qui les ont écartées afin de leur substituer des systèmes de l'identité [1] et des farces de tout acabit, pour à nouveau les restituer, ne méritent aucun ménagement.

Le *temps* n'est pas une simple forme *a priori* de notre connaissance, mais il en est la base ou la basse fondamentale ; il est la première trame du tissu du monde se représentant à nous dans sa totalité, et le réceptacle de toutes nos saisies sensibles [2]. Les formes qui subsistent du principe de raison sont en quelque sorte copiées sur lui : il est le type originaire de tout. Par suite, toutes nos représentations concernant l'existence et la réalité en sont inséparables et nous n'en finissons pas de nous représenter tout un chacun dans l'ordre de la succession, et le *quand* est encore plus inévitable que le *où*. Et pourtant tout ce qui se représente en lui est pure apparition [3].

[4] Le *temps* est cette organisation de notre intellect en vertu de laquelle ce que nous concevons comme l'avenir ne semble pas exister maintenant : illusion qui disparaît quand l'avenir est devenu le présent. Dans quelques rêves, dans le somnambulisme clairvoyant et dans la seconde vue, cette forme illusoire est momentanément écartée ; alors l'avenir se représente comme actuel. Cela explique comment les tentatives faites parfois pour rendre vaines à dessein, même seulement dans les détails futiles, les prédictions des personnes douées de seconde vue, ont dû échouer. Car ces per-

---

1. Il s'agit encore de Fichte qui, se référant au système de l'identité de Schelling (1775-1854), faisait remarquer que ce dernier n'avait fait que copier la synthèse de sa propre théorie ; cf. l'exposé de 1804 de *La Doctrine de la science* (1834). **2.** D'après Schopenhauer, Kant a établi que « ce sont, en effet, ces éléments du temps et de l'espace, tels que les révèle l'intuition *a priori*, qui représentent les lois de toute expérience possible » (MVR, 3, trad., *op. cit.*, p. 29). **3.** C'est-à-dire en tant que phénomène et non comme chose en soi. **4.** Ici, nous retrouvons la traduction de Dietrich que nous révisons.

sonnes ont vu la chose dans la réalité de celle-ci qui alors existait déjà, de même que nous ne percevons que l'actuel ; à cette chose appartient donc la même immuabilité que le passé. (Voir, sur des tentatives analogues, Kieser, *Archives du magnétisme animal*, t. VIII, section III, pp. 71, 87, 90)[1].

En conformité de quoi, la *nécessité* de tout ce qui arrive, c'est-à-dire de ce qui entre successivement dans le temps, nécessité qui se représente à nous au moyen de la chaîne des causes et des effets, n'est que la façon dont nous percevons, sous la forme du temps, ce qui existe à l'état d'unité et d'immuabilité[2]. Elle est aussi l'impossibilité que ce qui existe, quoique nous le reconnaissions aujourd'hui comme futur, demain comme actuel, après-demain comme passé, ne soit pourtant identique, un et immuable avec soi-même. Dans la finalité[3] de l'organisme se représente l'unité de la volonté s'objectivant en lui, unité qui, dans notre appréhension rattachée à l'espace, apparaît cependant comme une multiplicité de parties concourant toutes au but (voir la *Volonté dans la nature*[4]) ; de même, la nécessité de tout ce qui arrive, introduite par la chaîne causale, rétablit l'unité de l'être en soi s'y objectivant, unité qui cependant, dans notre appréhension rattachée au temps, est conçue comme une succession d'états, par conséquent comme passé, présent et futur : tandis que l'être en soi-même ne connaît pas tout cela, mais existe en *Nunc Stans*[5].

---

1. Titre en langue allemande : *Archiv für tierischen Magnetismus*. Schopenhauer a lui-même écrit un chapitre intitulé « Animalischer Magnetismus und Magie » dans *Über den Willen in der Natur*, cf. *Sämtliche Werke*, Band III, Suhrkamp Taschenbuch Wissenschaft, 663, 1986, pp. 423-458. **2.** L'unité et l'immuabilité sont celles de la chose en soi, la volonté, d'où procède l'objectivation. **3.** Terme allemand : Zweckmäszigkeit. **4.** Cf. *Über den Willen in der Natur*, *op. cit.*, pp. 348-354. **5.** Un maintenant persistant.

Les séparations par l'*espace* sont, dans la clairvoyance somnambulesque, bien plus souvent, et par conséquent plus facilement supprimées, que celles par le temps. Car ce qui n'est qu'absent et éloigné s'impose bien plus fréquemment à l'esprit que ce qui n'est encore qu'à l'état d'avenir. *Kant* expliquerait ceci en disant que l'espace est seulement la forme du sens extérieur, le temps étant celle du sens intérieur. — Que le temps et l'espace, d'après leur *forme*, se représentent *a priori*, Kant l'a enseigné ; mais que cela puisse se faire aussi d'après leur *contenu*, c'est ce qu'enseigne le somnambulisme lucide. 29

La preuve la plus convaincante et en même temps la plus simple de l'*idéalité de l'espace*, c'est que nous ne pouvons le supprimer en pensée, comme nous supprimons toute autre chose. Nous pouvons seulement vider l'espace ; nous pouvons supposer que tout, tout, tout[1] en soit absent, que tout en disparaisse ; nous pouvons très bien nous représenter l'intervalle entre les étoiles fixes comme absolument vide, et ainsi de suite ; mais *l'espace lui-même*, nous ne pouvons nous en débarrasser en aucune façon. Quoi que nous fassions, où que nous nous placions, il est là, et n'a de fin nulle part ; car il est la base de toutes nos représentations et la condition première de celles-ci. Cela prouve d'une manière certaine *qu'il appartient à notre intellect même*, qu'il en est une partie intégrante, qu'il fournit la trame du tissu de celui-ci, sur lequel vient s'appliquer ensuite la bigarrure du monde objectif. Il se présente à nous aussitôt qu'un objet doit être représenté ; il accompagne ensuite tous les mouvements, tous les détours et tous les essais de l'intellect intuitif, avec la même persévérance que les lunettes qui garnissent mon nez accompagnent tous les détours et mouvements de ma personne, ou que l'ombre accompagne les corps.

---

1. En allemand : *alles, alles, alles*.

Quand je remarque qu'une chose est avec moi partout et en toutes circonstances, j'en conclus qu'elle est attachée à moi ; par exemple, quand je retrouve partout telle odeur particulière à laquelle je voudrais échapper. Il n'en est pas autrement de l'espace : quoi que je puisse penser, quelque monde que je puisse me représenter, l'espace est toujours là d'abord, et ne veut pas céder. Si maintenant, comme il s'ensuit manifestement de cela, ce même espace est une fonction et même une fonction fondamentale de mon intellect, l'idéalité qui en résulte s'étend aussi à tout ce qui le concerne, c'est-à-dire à tout ce qui se représente en lui. Cela peut avoir aussi en soi-même une existence objective ; mais en tant qu'elle est spatiale, par conséquent en tant qu'elle est forme, grandeur et mouvement, cela est subjectivement déterminé. Les calculs astronomiques si exacts et si concordants ne sont possibles que parce que l'espace existe en réalité dans notre tête. Il s'ensuit donc que nous ne connaissons pas les choses comme elles sont en elles-mêmes, mais seulement comme elles paraissent. Voilà la grande doctrine du grand Kant [1].

Admettre que l'espace infini serait indépendant de nous, c'est-à-dire absolument objectif et existant en lui-même, et qu'un simple reflet de celui-ci, sous forme d'infini, serait entré par nos yeux dans notre tête, c'est la plus absurde de toutes les idées ; mais c'est en un certain sens la plus féconde, parce que celui qui s'est nettement rendu compte de cette absurdité, reconnaît par là même directement la simple existence phénoménale de ce monde. Il conçoit en fait celui-ci comme un simple phénomène cérébral qui disparaît avec la mort du cerveau pour laisser subsister un monde tout autre, le monde des choses en soi. Si la

---

1. Cf. « Critique de la philosophie kantienne », MVR, trad., *op. cit.*, p. 522 : « Le plus grand mérite de Kant, c'est d'avoir distingué le phénomène de la chose en soi. »

tête est dans l'espace, cela n'empêche pas de comprendre que l'espace n'est que dans la tête[1]. 30

Ce que la lumière est pour le monde corporel extérieur, l'intellect l'est pour le monde intérieur de la conscience. L'intellect est en effet à la volonté, par conséquent aussi à l'organisme, qui n'est que la volonté considérée objectivement, à peu près ce qu'est la lumière au combustible et à l'oxygène, dont la réunion l'éteint. Et de même que la lumière est d'autant plus pure qu'elle se mélange moins avec la fumée du combustible, l'intellect est, lui aussi, d'autant plus pur qu'il est plus complètement séparé de la volonté qui lui a donné naissance. On pourrait dire, en employant une métaphore hardie : la vie est, comme on le sait, un acte de combustion, et le développement de la lumière que celui-ci exige est l'intellect. 31

[2] Que notre connaissance, tout comme notre œil, voie seulement vers l'extérieur et pas vers l'intérieur, de sorte que si le connaissant cherche à se diriger vers l'intérieur pour se connaître lui-même, il regarde dans le noir complet, tombe dans le vide total — cela tient à deux raisons qui sont les suivantes :

1. Le *sujet du connaître* n'est rien qui soit indépendant, aucune chose en soi, il n'a aucune existence substantielle, originelle, ni indépendante ; il n'est qu'une simple apparition, une chose secondaire, un accident immédiatement conditionné par l'organisme, et qui est l'apparition de la *volonté* : en *un* mot, il n'est que le focus dans lequel se rencontrent toutes les forces du cerveau ; c'est ce que j'ai développé dans le second

1. (F) Si je dis : « dans un autre monde », c'est une grosse sottise de demander : « Où est donc l'autre monde ? ». Car l'espace, qui seul donne un sens au mot *où*, appartient précisément à ce monde-ci ; en dehors de lui il n'y a pas d'*où*. Paix, tranquillité et bonheur n'existent que là où il n'y a ni *où* ni *quand*.

2. Dietrich saute la section 32.

livre de mon ouvrage principal[1]. Alors comment ce sujet du connaître devrait-il se connaître lui-même, puisqu'il n'est rien en lui-même ? S'il s'oriente vers l'intérieur, il connaît en fait la volonté qui est la base de son être : pourtant, ce n'est là pour le sujet *connaissant* aucune connaissance de soi proprement dite, mais la connaissance d'une autre chose différente de lui-même, qui est déjà en tant que connue en même temps cependant pure apparition, et une chose telle qu'elle a pour unique forme le temps, et pas même comme les choses du monde extérieur qui ont en outre l'espace. Mais abstraction faite de cela, le sujet reconnaît la volonté, ne serait-ce que comme les choses extérieures à leurs extériorités, c'est-à-dire aux actes particuliers de la volonté et aux affections courantes, que l'on conçoit sous les noms de désirs, émotions, passions et sentiments ; par conséquent, il la connaît encore et toujours comme apparition, quoique ce ne soit pas dans la délimitation de l'espace comme les choses extérieures. Mais, pour les raisons mentionnées, le sujet connaissant ne peut se connaître lui-même, parce que en lui il n'y a proprement rien à connaître si ce n'est précisément qu'il est le connaissant, et de ce fait justement pas le connu. Il est une apparition qui n'a d'autre apparence que celle du connaître : par suite, il n'y a aucune autre qui puisse être connue en lui.

2. La *volonté* en nous est sans aucun doute chose en soi, subsistant pour elle-même, une chose première, indépendante, celle dont l'apparition se représente dans la saisie du cerveau intuitionnant spatialement en tant qu'organisme. C'est pourquoi elle n'est pas non plus capable de connaissance de soi, parce qu'elle est un

1. En effet, après le Livre premier, dédié à l'étude du monde comme représentation et donc comme « phénomène », Le Livre second du *Monde comme volonté et comme représentation* est consacré à l'étude du monde comme volonté et donc, pour Schopenhauer, comme « chose en soi ».

être simplement voulant, pas un *connaissant* ; en effet, en tant que telle, elle ne connaît rien, et par suite elle ne se connaît pas elle-même non plus. Le connaître est une fonction secondaire et intermédiaire qui vient à celle-ci, la première, et selon son être particulier, non pas immédiatement. 32

L'observation de soi impartiale la plus simple, associée à la constatation anatomique, mène au résultat que l'intellect, comme son objectivation, le cerveau, avec cet organe additionnel des sens, n'est qu'une sensibilité très vive pour les impressions du dehors ; mais il ne constitue pas notre être primordial et vraiment intime ; l'intellect n'est donc pas en nous ce que la force active est dans la plante, ou la pesanteur dans la pierre, avec les énergies chimiques (ce qui est cela, c'est la *volonté* seule) ; l'intellect est au contraire en nous ce qui, dans la plante, peut favoriser ou entraver la simple sensibilité pour les influences extérieures, pour les effets physiques et chimiques, le développement et la prospérité de celle-ci. Toutefois, cette sensibilité est si extraordinairement vive, en nous, qu'avec son aide le monde objectif tout entier, le monde comme représentation, se représente, et par suite c'est ainsi qu'il prend naissance comme objet. Pour bien intuitionner cela, qu'on se représente le monde sans aucun être animal. Il est alors sans perception, c'est-à-dire n'est absolument pas présent objectivement ; admettons la chose pour l'instant. Qu'on suppose à présent une quantité de plantes surgies dru du sol. Maintes influences agissent sur elles : l'air, le vent, le heurt réciproque, l'humidité, le froid, la lumière, la chaleur, la tension électrique, etc. A présent, qu'on augmente de plus en plus, en idée, la sensibilité de ces plantes pour ces influences : elle devient finalement une sensation, accompagnée de la faculté de rapporter celle-ci à ses causes, et en dernier degré une perception ; alors, aussitôt le monde est là, se représentant en espace, en temps et en causalité ; il demeure cependant un simple résultat des influences extérieures sur la sensibilité des plantes. Cette considération figurée est très propre à rendre sensible l'existence purement phénoménale du monde extérieur. Qui aura en effet l'idée, après cela, de soutenir que les rapports qui existent dans une telle intuition, née de simples relations entre l'action extérieure et la sensibilité vivante, représentent le caractère vraiment objectif, intime et primordial, de toutes ces puissances naturelles agissant sur la plante, c'est-à-dire le monde des choses en soi ? Cette image peut donc nous faire comprendre pourquoi le domaine de l'intellect humain a des limites si étroites, comme le démontre Kant dans la *Critique de la raison pure.*

Au contraire, la *volonté* seule est la chose en soi. Par conséquent, elle est la créatrice et l'assise de toutes les propriétés du phénomène. Elle a sans aucun doute la charge de ce qui relève de la morale ; mais la *connaissance* et sa force, c'est-à-dire l'intellect, appartiennent aussi à son phénomène, et ainsi à elle, médiatement. — Que des gens bornés et niais éprouvent toujours quelque dédain, cela peut provenir, du moins en partie, de ce que, chez eux, la volonté s'est rendue la tâche si facile, pour atteindre ses fins, qu'elle s'est chargée seulement de deux onces d'intelligence. 33

Non seulement toute *évidence*[1] est intuitive[2], ainsi que je l'ai montré dans *Le Monde comme volonté et comme représentation*, § 14[3], mais aussi toute véritable *compréhension*[4] des choses. C'est ce que prouvent déjà

---

1. Terme allemand : *Evidenz.* **2.** Terme allemand : *anschaulich.* **3.** Dans ce chapitre 14 du *Monde comme volonté et comme représentation*, Schopenhauer démontre que la vérité intuitive est le fondement de la vérité abstraite. Cf. MVR, 14, trad., *op. cit.*, p. 100 : « L'intuition — soit pure et *a priori*, comme en mathématiques — soit *a posteriori*, comme dans les autres sciences, est la source de toute vérité et le fondement de toute science. » **4.** Terme allemand : *Verständnis.*

les tropes innombrables de toutes les langues, qui sont autant d'efforts pour ramener tout ce qui est abstrait à une notion intuitive. Des idées purement abstraites sur une chose n'en donnent en effet aucune compréhension réelle ; mais elles permettent d'en parler, comme beaucoup de gens parlent de beaucoup de choses ; quelques-uns même n'ont pas besoin pour cela de concepts, mais se contentent simplement de mots, par exemple de termes d'art, qu'ils ont appris. — Au contraire, pour comprendre véritablement une chose, il faut la saisir *intuitivement*, en recevoir une impression nette, autant que possible d'après la réalité, en faisant intervenir en outre l'imagination. Même ce qui est trop grand ou trop compliqué pour être embrassé d'un seul regard, il faut, si l'on veut véritablement le comprendre, se le rendre présent intuitivement soit partiellement soit par un représentant accessible d'un coup d'œil ; et ce que ce dernier procédé ne permet pas encore de voir, on doit chercher du moins à se le rendre saisissable par une image et une comparaison intuitives. C'est à ce point que l'intuition est la base de notre connaissance. On le voit aussi par le fait que si nous pensons *in abstracto* de très grands nombres, de même que de très lointains, seulement à travers les distances exprimables, telles que les distances astronomiques, nous ne les comprenons cependant pas réellement et directement ; nous nous en faisons simplement un concept relatif.

Mais, plus que tout autre, le *philosophe* doit puiser à cette source primitive, la connaissance intuitive, et avoir constamment sous les yeux les choses mêmes, la nature, le monde, la vie ; ce sont elles, et non les livres, qu'il doit prendre pour texte de ses pensées ; c'est avec leur aide qu'il ne doit cesser d'éprouver et de contrôler les idées toutes faites ; quant aux livres, il lui faut les employer comme sources de la connaissance, mais seulement à titre de secours. Ce qu'ils donnent, on ne le reçoit que de seconde main, la plupart du temps déjà un peu faussé ; ce n'est qu'un reflet, une contrefaçon de l'original, le monde ; et rarement le miroir fut complètement pur. Au contraire, la nature, la réalité ne ment jamais ; il n'y a qu'elle qui fasse de toute vérité une vérité [1]. Voilà pourquoi le philosophe doit prendre à tâche de l'étudier, et ce sont ses grands traits nets, son caractère fondamental, qui constituent la base de son problème. En conséquence, il prendra pour objet de sa contemplation les phénomènes essentiels et généraux, ce qui est en tout temps et en tous lieux ; quant aux phénomènes spéciaux, particuliers, rares, microscopiques ou passagers, il les laissera au physicien, au géologue, à l'historien. Des choses plus importantes l'occupent : l'ensemble et la grandeur du monde, l'essence de celui-ci, les vérités fondamentales sont le but élevé qu'il vise. Il ne peut donc descendre en même temps jusqu'aux détails et aux petites choses. C'est ainsi que l'homme qui, de la cime d'une montagne, contemple le paysage, ne peut déterminer l'espèce des plantes qui croissent plus loin dans la vallée, et laisse ce soin au botaniste. — Pour se consacrer avec toutes ses forces à une science spéciale, il faut professer un grand amour pour elle, et une grande indifférence pour toutes les autres. La culture de celle-là implique en effet l'ignorance de celles-ci. De même, celui qui épouse *une* femme, renonce à toutes les autres. Aussi les esprits de premier ordre ne se consacreront-ils jamais à une science spéciale : en effet, la vision de l'ensemble leur tient trop au cœur. Ce sont des généraux, non des capitaines ; des chefs d'orchestre, non de simples musiciens. Comment un grand esprit trouverait-il sa satisfaction à connaître, exactement et dans ses rapports avec le reste, une branche déterminée de la totalité des choses, un champ unique, en négligeant

1. En allemand : *sie macht ja alle Wahrheit erst zur Wahrheit.*

tous les autres ? Mais plutôt, il est manifestement orienté vers l'ensemble : son effort porte sur la totalité des choses, sur le monde principalement, et là rien ne peut lui rester étranger. Il ne peut donc passer sa vie à épuiser les micrologies d'une spécialité. 34

À force de contempler un objet, l'œil se fatigue et ne voit plus rien ; de même, à force de réfléchir sur la même chose, l'intellect devient incapable de la scruter et de la saisir plus profondément, s'émousse et se trouble. Il faut la laisser, puis y revenir, en la retrouvant fraîche, avec des contours nets. Aussi, quand Platon raconte, dans le *Banquet*[1], que Socrate, méditant sur une idée qui lui était venue, resta vingt-quatre heures raide et immobile comme une statue[2], doit-on dire ici que non seulement *non e vero*, mais ajouter : *é mal trovato*[3]. — Ce besoin de repos de l'intellect explique aussi qu'après une pause un peu prolongée nous envisageons sous un jour en quelque sorte nou-

---

1. Le *Banquet*, 220 c, traduit par Léon Robin, Les Belles Lettres, p. 86 : « Concentré en effet dans ses pensées, il s'était, à l'endroit même où il se trouvait au point du jour, tenu debout à viser quelque idée, et, comme elle ne lui venait pas, au lieu d'abandonner la partie, il était ainsi resté en plan, à chercher. Il était midi déjà ; les hommes le regardaient ; l'un à l'autre ils se racontaient la merveille : "Depuis le petit jour, Socrate est planté là, en train de faire ses réflexions !" En fin de compte, le soir venu, quelques-uns de ces observateurs, après leur dîner, et comme justement on était alors en été, transportèrent dehors leurs lits de camp : en même temps qu'ils couchaient à la fraîche, en même temps aussi ils surveillaient si Socrate passerait encore la nuit debout. Or, debout il resta jusqu'à ce que le jour parût et que se fût levé le soleil ! Puis, après avoir fait à celui-ci sa prière, il quitta la place et s'en alla. » — Cf. *ibidem*, 220 b : supportant la rigueur du froid, Socrate marchait, vêtu comme à l'accoutumée, les pieds nus dans la gelée.

2. En fait, Socrate devait souffrir de catatonie et, en particulier, de catalepsie, définie par le Larousse comme : « La perte momentanée de l'initiative motrice avec conservation des attitudes. »

3. En analogie avec le proverbe italien : « Si ce n'est pas vrai, c'est bien inventé. » Mais ici nous avons : « Ce n'est pas vrai, et c'est mal inventé ».

veau et étranger le cours journalier des choses de ce monde, et que nous jetons ainsi sur celui-ci un regard tout particulièrement impartial : sa connexité et sa signification se clarifient pour nous de la façon la plus nette et la plus profonde ; de sorte que nous voyons alors en pleine évidence des choses au sujet desquelles nous ne pouvons nous expliquer comment ceux qui s'agitent parmi elles à toute heure ne les remarquent pas. Cet instant d'un tel éclat peut être comparé à un *lucidum intervallum*[1]. 35

En un sens plus élevé, même les heures d'enthousiasme, avec leurs moments d'illumination et de conception proprement dite, ne sont que les *lucida intervalla* du génie. Aussi pourrait-on dire que le génie est logé seulement à un étage supérieur à celui de la démence. Même la raison de l'homme raisonnable n'agit en réalité que dans les *lucidis intervallis* : car, raisonnable, il ne l'est pas toujours. L'homme intelligent non plus n'est pas constamment intelligent. Il en est de même du pur savant : à certains moments, il est incapable de se rappeler les choses les plus familières et de les mettre en bon ordre. Bref, *nemo omnibus horis sapit*[2]. Tout ceci semble indiquer un certain flux et reflux des humeurs du cerveau, ou une tension et détente des fibres de celui-ci[3].

Mais quand, par un afflux de ce genre, se présente à nous soudain une idée neuve et profonde par laquelle naturellement nos pensées atteignent un haut degré de vivacité, l'occasion qui les provoque sera toujours plus

---

1. Intervalle de lucidité. **2.** « Personne n'est sage à tout instant. »

3. (F) Selon que l'*énergie de l'esprit* est rehaussée ou assoupie, par suite de l'état physiologique de l'organisme, il prend son *vol à une hauteur très différente*, planant parfois dans l'éther et dominant le monde, parfois rasant les marais de la terre, le plus souvent entre les deux extrêmes, mais toujours plus près de l'un ou de l'autre. La volonté ne peut rien contre cela.

intuitive[1], et toute grande pensée aura pour base une vue intuitive[2]. Car les mots éveillent des idées chez les autres, des images en nous. 36

Que nous devions transcrire le plus tôt possible les méditations personnelles valables, cela se conçoit : si nous oublions parfois ce que nous avons fait, à bien plus forte raison oublions-nous ce que nous avons pensé ! Mais les pensées ne viennent pas quand *nous* le voulons ; elles viennent quand *elles* le veulent. Au contraire, ce que nous recevons tout préparé du dehors, les choses simplement apprises qu'on peut toujours retrouver dans les livres, il vaut mieux ne pas les transcrire : donc, point d'extraits de lecture, car transcrire une chose, c'est la vouer à l'oubli. Il faut toutefois se montrer sévère et despotique à l'égard de sa mémoire, afin qu'elle n'apprenne pas la désobéissance. Par exemple, si l'on ne peut se rappeler une chose, un vers, un mot, qu'on ne recoure pas aux livres, mais qu'on torture à ce sujet sa mémoire périodiquement, des semaines durant, jusqu'à ce qu'elle ait fait son devoir. Plus longuement en effet on a dû réfléchir à la chose, et plus solidement elle s'incruste dans la tête. Ce qu'on a ainsi tiré avec beaucoup d'effort des profondeurs de sa mémoire, on le maîtrisera une autre fois beaucoup plus facilement que si on l'avait rafraîchi au moyen des livres[3]. — La *mnémonique*, au

---

1. Terme allemand : *anschaulicher.* **2.** En allemand : *eine intuitive Einsicht.*

3. (F) La mémoire est un être capricieux et bizarre, comparable à une jeune fille : parfois elle refuse tout à coup ce qu'elle a donné cent fois, puis elle vous l'apporte plus tard d'elle-même, lorsqu'on n'y songe plus. Un mot s'ancre plus solidement dans la mémoire quand on l'a rattaché à un fantasme plutôt qu'à un simple concept. Ce serait une belle chose, si l'on savait, une fois pour toutes et pour toujours, *ce que l'on a appris* ; mais il en va autrement. Toute chose apprise doit être rafraîchie de temps en temps par la répétition ; sans quoi on l'oublie peu à peu. Mais comme la pure répétition ennuie, il faut toujours ajouter quelque chose à ce que l'on sait déjà. De là *aut progredi, aut regredi* (ou progresser, ou régresser).

contraire, repose sur le fait qu'on se fie plus à son esprit qu'à sa mémoire, c'est pourquoi on charge celui-là du service de celle-ci. L'esprit en effet doit substituer à une chose difficile à retenir une chose facile à retenir, pour retraduire la première dans la seconde. Mais cette mnémonique est à la mémoire naturelle ce qu'est une jambe artificielle à la véritable, et tombe, comme toute chose, sous le coup du jugement napoléonien : « Tout ce qui n'est pas naturel est imparfait. »[1] Il est utile de s'en servir au début pour les choses ou les mots nouvellement appris, comme d'une béquille provisoire, jusqu'à ce qu'ils se soient incorporés à la mémoire naturelle immédiate. Comment notre mémoire se met aussitôt à trouver, dans le domaine souvent illimité de ses réserves, ce qui lui est demandé chaque fois ; comment procède sa recherche parfois longue et aveugle ; comment d'ordinaire nous arrive spontanément, comme si on nous le soufflait, quand nous découvrons un léger fil qui s'y rattache, ou au bout de quelques heures, parfois de quelques jours, ce que nous avons d'abord cherché en vain, tout cela est pour nous-mêmes, qui y jouons un rôle, une énigme : mais il me semble hors de doute que ces opérations si subtiles et si mystérieuses, dans cet amas et cette diversité immenses de la matière du souvenir, ne peuvent jamais être remplacées par un jeu artificiel et conscient d'analogies, au milieu desquelles la mémoire naturelle doit, en définitive, toujours rester le *primum mobile*[2] ; or, en l'occurrence, elle a deux choses à retenir, au lieu d'une : le signe et ce qui est signifié. En tout cas, une mémoire artificielle comme celle-là ne peut emmagasiner qu'une réserve très restreinte. — Surtout, les choses s'impriment de deux manières dans notre

---

1. En français dans le texte. Phrase citée d'après *Le Manuscrit venu de Sainte-Hélène d'une manière inconnue*, de Chateauvieux (1817, p. 52). **2.** Le premier moteur, notion aristotélicienne.

mémoire : soit que nous le voulons et nous y efforçons, cas auquel, quand il s'agit simplement de mots ou de nombres, nous pouvons recourir aux procédés mnémoniques ; soit qu'elles s'y impriment d'elles-mêmes sans notre participation, par suite de l'impression qu'elles exercent sur nous : cas auquel nous les disons volontiers inoubliables. De même, cependant, qu'on ne sent le plus souvent une blessure que plus tard, et non quand on la reçoit, de même maint incident ou mainte pensée, entendue ou lue, produit sur nous une impression plus profonde que nous ne le constatons sur-le-champ ; mais cela nous revient plus tard, ce qui fait que nous ne l'oublions pas ; la chose s'incorpore au système de nos idées, pour apparaître au moment voulu. Il faut toutefois pour cela qu'elle nous intéresse à un titre quelconque. Il est nécessaire alors d'avoir un esprit vif, saisissant avidement les choses objectives, aspirant à la connaissance et à l'intuition. L'ignorance surprenante de maints savants dans les choses de leur domaine a comme ultime motif leur manque d'intérêt objectif pour les objets de ce domaine ; les perceptions, remarques, intuitions, etc., qui y sont relatives ne produisent sur eux aucune impression vive, et par conséquent ne subsistent pas ; ils n'étudient d'ailleurs pas *con amore* [1], mais contraints et forcés. Plus est étendu le nombre des choses auxquelles un homme prend un vif intérêt objectif, plus il s'en fixera spontanément dans sa mémoire ; et cela surtout au temps de la jeunesse, quand leur nouveauté accroît leur intérêt. Cette seconde manière est beaucoup plus sûre que la première et a, de plus, l'avantage d'exclure d'elle-même ce qui n'a pas d'importance pour nous. Il est vrai que, dans les cerveaux faibles, elle se bornera aux affaires personnelles. 37

La *qualité* de nos idées — leur valeur formelle —

1. Avec amour.

vient du dedans ; mais leur *direction*, et conséquemment leur matière, vient du dehors ; de sorte que ce que nous pensons à chaque moment donné est le produit de deux facteurs fondamentalement différents. Les objets ne sont donc pour l'esprit que ce que le plectre [1] est pour la lyre ; d'où, la grande diversité des idées que le même aspect produit dans les diverses têtes. Quand, dans la pleine fraîcheur de mon esprit et au point culminant de ses forces, des circonstances favorables marquaient le moment de la plus haute tension de mon cerveau, sur quelque objet que tombât mon œil — cet objet était pour moi une source de révélations et m'inspirait une suite de pensées qui méritaient d'être fixées sur le papier, et qui le furent. Mais en continuant à vivre, surtout dans les années où les forces déclinent, ces heures-là sont devenues toujours plus rares : car, si les objets sont le plectre, la lyre est l'esprit. C'est son accord plus ou moins élevé qui établit la grande différence du monde se représentant dans toute tête. Mais comme, d'une part, ceci dépend de conditions physiologiques et anatomiques, le hasard, d'autre part, tient le plectre en main, et amène les objets qui doivent nous occuper. Ici pourtant une grande partie de la chose est encore en notre pouvoir, puisque nous pouvons déterminer au moins jusqu'à un certain point cette partie, au moyen des objets dont nous nous occupons ou nous entourons. Nous devrions donc prendre à ce sujet quelques précautions et procéder en vertu d'un plan méthodique. L'excellent petit livre de Locke, *On the conduct of the understanding (Sur la conduite de l'entendement*[2]*)*, nous donne des instructions à l'égard

---

1. Plectre : Terme musical désignant une petit objet d'ivoire dont les Anciens se servaient pour frapper les cordes de la lyre.
2. Il s'agit d'une œuvre posthume de Locke, dont le titre exact est le suivant : *Of conduct of the understanding* ; elle parut en 1706 avec d'autres travaux de Locke : *An examination of P. Malebranche's opinion of seeing all things in God ; A discourse on miracles ; Part of a fourth letter on toleration ; Memoirs relating to the*

de ce plan. Les idées bonnes et sérieuses sur des objets dignes d'intérêt ne se laissent toutefois pas, à tout moment, librement évoquer ; tout ce que nous pouvons faire est de leur tenir la voie libre, en écartant toutes les ruminations futiles, niaises, ou vulgaires, toutes les sornettes et les mauvaises plaisanteries. On peut donc dire que, pour penser de bonnes choses, le moyen le plus simple est de ne pas penser des fadaises. On n'a qu'à laisser libre entrée aux bonnes idées : elles viendront. Pour cette raison, il ne faut pas non plus prendre un livre aussitôt qu'on a un moment de loisir ; il convient, au contraire, d'accorder parfois un peu de tranquillité au cerveau : alors quelque chose de bon peut facilement surgir. *Riemer*[1] a très justement remarqué, dans son livre sur Goethe, que les pensées personnelles ne viennent guère qu'en marchant ou en se tenant debout, très rarement quand on est assis. Or, puisque surtout la présence de pensées vives, pénétrantes et appréciables, est davantage la conséquence de conditions *intérieures*, plus favorables que les extérieures, on s'explique que le plus souvent plusieurs de ces pensées, relatives à des objets tout différents, arrivent rapidement les unes après les autres et fréquemment même presque ensemble ; dans ce cas, elles se

---

life of Antony, first earl of Shaftesbury ; His new method of a common-place-book.

1. Friedrich Wilhelm Riemer (1774-1845), écrivain allemand, étudia d'abord la théologie, puis la philosophie, entra comme précepteur chez Guillaume de Humboldt, qu'il suivit dans son ambassade en Italie, et, en 1803, devint précepteur du fils de Goethe, en même temps que l'assistant littéraire de Goethe, jusqu'en 1812. Il fut nommé ensuite professeur au gymnase de Weimar, où il devint le bibliothécaire du grand-duc. Riemer compila un dictionnaire grec-allemand (1802-1804), publia des poésies (2 vol., 1826), un ouvrage sur Goethe : *Mémoires sur Goethe* d'après des sources orales et écrites (1841, 2 vol.), des *Lettres de Goethe et à lui adressées*, et il édita l'importante correspondance de Goethe avec Zelter (1833, 6 vol.).

croisent et se nuisent, tout comme les cristaux d'une druse ; il peut alors nous arriver ce qui arrive au chasseur qui poursuit deux lièvres à la fois. 38

On peut mesurer combien l'intellect humain normal est borné et pauvre et combien est étroite la clarté de la conscience : malgré l'éphémère brièveté de la vie humaine jetée dans le temps infini, l'incertitude de notre existence, les innombrables énigmes à propos du caractère important de tant de phénomènes et de l'insuffisance absolue de la vie — cependant tous ne philosophent pas constamment et sans désemparer, il n'y en a pas même beaucoup, il n'y en a que peu, seulement quelques-uns ; non, il n'y en a qu'un ça et là, seulement les petites exceptions. — Le reste vit même dans ce rêve pas très différemment des animaux, dont ils ne se distinguent finalement que par la prévoyance étendue à quelques années. Les religions ont pourvu d'en haut et par avance au besoin métaphysique qui peut se faire sentir chez eux ; et ces religions, quelles qu'elles soient, leur suffisent. — Il se pourrait néanmoins qu'on philosophe beaucoup plus en toute tranquillité qu'il ne semble ; quand bien même cela pourrait aussi échouer. Car c'est, en vérité, une triste situation que la nôtre ! Un court instant d'existence, rempli de peines, de misères, d'angoisses et de douleurs, sans savoir pour le moins *d'où* nous venons, *où* nous allons, *pourquoi* nous vivons ; et joignez à cela les calotins de toutes les couleurs, avec leurs *révélations* respectives sur la chose, et leurs menaces contre les incrédules ! S'y ajoute encore ceci : nous nous observons l'un l'autre et sommes en relations les uns avec les autres — comme des *masques* avec des masques, nous ne savons pas qui nous sommes — mais comme des masques, qui ne se connaissent pas du tout. De même, les animaux nous observent, et nous eux. 39

On serait tenté de croire que la moitié de notre penser s'effectue dans l'inconscience[1]. Le plus souvent, la conclusion arrive sans que les prémisses aient été posées nettement. On peut déjà l'induire de ce que parfois une circonstance dont nous n'apercevons nullement les suites, et dont nous pouvons moins encore apprécier nettement l'influence sur nos propres affaires, exerce cependant une action incontestable sur notre disposition d'esprit entière, qu'elle transforme en gaieté ou en tristesse : cela ne peut être que le résultat d'une rumination inconsciente. La chose est plus visible encore dans le cas suivant. Je me suis initié aux faits d'une affaire théorique ou pratique : il arrivera souvent ensuite, sans que j'y aie repensé, qu'au bout de quelques jours le résultat, c'est-à-dire ce que devient la chose, ce qu'il convient de faire, me revienne de lui-même à l'esprit et se présente distinctement à moi ; tandis que l'opération qui a déclenché ce retour me reste aussi cachée que celle d'une machine à calculer : précisément, cela a été une rumination inconsciente. De même, après avoir écrit quelque chose sur un sujet et m'en être débarrassé, il me vient parfois l'idée, sans y avoir nullement songé, d'y ajouter un supplément. Ainsi de suite, je puis chercher des jours entiers dans ma mémoire un nom qui m'a échappé : puis, au moment où je n'y songe pas du tout, il me revient, comme s'il m'avait été soufflé. Oui, nos meilleures pensées, les plus riches et les plus profondes, entrent subitement dans la conscience comme une inspiration, et souvent aussitôt sous la forme d'une sentence importante. Elles sont manifestement le résultat d'une longue méditation inconsciente et d'innombrables aperçus, souvent très lointains, oubliés en détail. Je renvoie à ce que j'ai déjà dit sur ce sujet dans les Suppléments au

---

1. Nietzsche a été sensible à ce genre d'étude de la part de Schopenhauer ; cf. *Le Livre du philosophe*, 36, *op. cit.*, p. 47 : « Schopenhauer appelle lui-même l'attention sur la pensée et le savoir inconscients. »

Monde comme volonté et comme représentation, Livre I, chapitre XIV [1]. — On pourrait presque hasarder l'hypothèse physiologique que le penser conscient a pour siège la surface du cerveau, le penser inconscient l'intérieur de sa myéline. 40

La monotonie de la vie et le vide qui en résulte nous feraient trouver celle-ci, au bout d'une durée appréciable, insupportablement ennuyeuse, si le développement de la connaissance et de la conception en général, ainsi que la compréhension toujours supérieure et plus nette de toutes choses et de leurs relations ne poursuivaient incessamment leur progrès. Celui-ci est le fruit de la maturité et de l'expérience, d'une part, et, de l'autre, des modifications que nous subissons nous-mêmes à travers les différents âges, et qui nous placent en une certaine mesure à un point de vue toujours nouveau, d'où les choses nous montrent des aspects encore inaperçus, et nous apparaissent autrement. Grâce à quoi, en dépit de la diminution des forces intellectuelles, le précepte *dies diem docet* [2] reste d'une application qui n'a pas failli et répand sur la vie un charme toujours nouveau, l'identique se présentant constamment comme une chose tout autre et neuve. Ce qui fait

---

1. Il s'agit d'un chapitre consacré à l'association des idées. Cf. MVR, trad., *op. cit.*, p. 822 : « Dans la réalité, d'ailleurs, le processus de nos pensées intimes n'est pas aussi simple qu'il le semble dans la théorie ; c'est en fait un enchaînement très complexe. Pour nous rendre la chose plus sensible comparons notre conscience à une eau de quelque profondeur ; les pensées nettement conscientes n'en sont que la surface ; la masse, au contraire, ce sont les pensées confuses, les sentiments vagues, l'écho des intuitions et de notre expérience en général, tout cela joint à la disposition propre de notre volonté qui est le noyau même de notre être. Or, la masse de notre conscience est dans un mouvement perpétuel, en proportion, bien entendu, de notre vivacité intellectuelle, et grâce à cette agitation continue montent à la surface les images précises, les pensées claires et distinctes exprimées par des mots et les résolutions déterminées de la volonté. » **2.** « Un jour enseigne l'autre. »

que tout vieillard qui pense a pour devise le mot de Solon : Γηράσκω δ ' ἀεὶ πολλὰ διδασκόμενος[1] .

Ajoutons que les fréquents changements de notre disposition d'esprit et de notre humeur, qui nous font apercevoir chaque jour les choses sous une autre lumière, nous rendent en tout temps le même service : ils diminuent la monotonie de notre conscience et de nos pensées, en y agissant comme agit sur une belle région la lumière sans cesse changeante, avec ses effets inépuisables, qui répand un charme nouveau sur un paysage que nous avons déjà vu cent fois. Ainsi les choses connues apparaissent nouvelles à un esprit dont la disposition s'est modifiée, et elles éveillent de nouvelles idées comme de nouvelles manières de voir. 41

[2] Qui veut *a posteriori,* donc à travers des expériences, établir quelque vérité qu'il pourrait comprendre et décider *a priori*, par exemple la nécessité d'une cause pour tout changement, ou des vérités mathématiques, ou des propositions mathématiques réductibles de la mécanique à la mathématique, l'astronomie, ou choses semblables, qui procèdent des lois de la nature, très connues ou indubitables — celui-là se fait arrogant. Un bel exemple de ce type, c'est ce que donnent nos plus récents matérialistes issus de la chimie, dont l'érudition très partiale m'a déjà conduit à cette remarque que la chimie habilite au métier d'apothicaire, mais non à celui de philosophe. Or, ceux-ci croient avoir fait, par des voies empiriques, une nouvelle découverte avec la vérité *a priori* mille fois énoncée avant eux, à savoir que la *matière se conserve*, ils proclament celle-ci hardiment en dépit du monde qui n'en savait encore rien, la prouvent de bonne foi *par des voies empiriques.* (« Seules nos balances et nos

---

1. « Je vieillis en apprenant toujours beaucoup de choses. » Cf. Solon, *Fragments*, 22, 27 ; Plutarque, *Solon*, 31, 7. **2.** Les sections 42 et 43 manquent dans la traduction de Dietrich.

cornues pouvaient nous en donner la preuve », dit Monsieur le Docteur Louis Büchner[1], à la page 14 de la cinquième édition de son livre *Force et matière*, qui se fait l'écho naïf de cette école.) En quoi ils sont tellement lâches et ignorants qu'ils n'utilisent même pas le mot juste et valide de « matière »[2] mais celui qui leur est plus familier de « substrat »[3], et par suite la proposition *a priori* : « La matière se conserve, donc sa quantité n'augmente ni ne diminue » peut ainsi s'exprimer : « Le substrat est immortel » ; c'est ainsi qu'ils se sentent originaux et illustres grâce à leur nouvelle découverte : qu'en effet depuis des siècles, depuis des millénaires, on discute sur la préséance et la relation de la conservation de la matière dans la même forme présente, c'est chose naturellement inconnue pour des petites gens comme eux : ils arrivent *quasi modo geniti*[4] et souffrent gravement de la ὀψιμαθία[5], que *Gel-*

1. Ludwig Büchner (1824-1899), frère du célèbre écrivain Georg Büchner (1813-1837), publia, en 1855, un ouvrage intitulé : *Kraft und Stoff. Empirisch-philosophische Studien. In allgemeinverständlicher Darstellung*, qui connut de nombreuses rééditions : une vingtaine, du vivant de l'auteur ; en 1902, paraissait la seconde édition bon marché de ce livre. La première édition française parut en 1863, et la huitième en 1905. L'auteur est le prototype du savant matérialiste de l'époque. Nous avons suggéré, par ailleurs, que Nietzsche s'était inspiré de ce livre pour ses conceptions de la Volonté de puissance et de l'Éternel retour. **2.** Terme allemand : *Materie*. **3.** Terme allemand : *Stoff*. La distinction à laquelle procède Schopenhauer est difficilement transposable en français, étant donné que *Stoff* se traduit ici généralement par « matière ». Que l'on considère, en outre, la traduction connue du titre du livre de Büchner : *Force et matière*. En effet, nous ne pouvions proposer, par exemple, de traduire par « substance », bien qu'il y ait des substances en chimie : généralement opposé à celui de « matière », le terme de « substance » appartient déjà à tout un contexte métaphysique. Nous ne pouvions non plus proposer le terme d'« élément », dont la signification est trop précise en chimie. Nous écrivons donc « substrat », faute de mieux. **4.** « Comme des nouveau-nés ». **5.** « Enseignement tardif ».

lius[1] décrit en tant que *vitium serae eruditionis, ut, quod nunquam didiceris, diu ignoraveris, cum id scire aliquando coeperis, magni facias quo in loco cunque et quacunque in re dicere*[2]. Pourtant, si quelqu'un, doué de patience par la nature, voulait se donner la peine de montrer, à ces garçons apothicaires et apprentis barbiers qui, venant de leur officine chimique, ne savent rien, la différence qu'il y a entre la *matière* et le *substrat*, qui est déjà de la matière *qualifiée*, c'est-à-dire la réunion de la matière avec la forme, lesquelles peuvent à nouveau se séparer, et que, dans ce qui se conserve, seule la matière est concernée, non pas le substrat qui en tant que tel peut toujours encore devenir autre chose — sans exclure vos soixante éléments chimiques fondamentaux[3]. L'indestructibilité de la matière ne peut être établie expérimentalement ; et nous devrions rester éternellement dans le doute, si elle n'était pas certaine *a priori*. Combien la connaissance de l'indestructibilité de la matière, et de ses transformations dans toutes les formes, est entière et décidée, et par conséquent indépendante de toute expérience, c'est ce dont témoigne déjà un passage dans Shakespeare, qui pourtant avait à son actif très peu de physique et en général en connaissait pas grand-chose ; il fait dire à Hamlet :

---

1. Aulus Gellius, écrivain latin du IIe siècle avant J.-C., est l'auteur de *Noctes Atticae*, un recueil de notes sur la littérature et la langue, les coutumes, les lois, la philosophie et la science de la nature chez les Anciens. **2.** *Noctes Atticae*, II, 7 (3) : « faute provenant d'un enseignement tardif, qui consiste en ce que, partout et en toute occasion, on place comme quelque chose d'important ce qu'on n'avait jamais appris et longtemps jamais su, après qu'on a finalement commencé à l'apprendre. » **3.** En allemand : *eure sechsig chemischen Grunstoffe nicht ausgenommen*. Schopenhauer fait allusion à la classification des éléments (principes chimiques communs aux diverses variétés d'un corps simple) en vigueur à l'époque.

The imperial Caesar, dead and turn'd to clay,
Might stop a hole to keep the wind away.
O that that earth which kept the world in awe,
Should patch a wall t'expel the winter's flaw ! [1]

Il y fait déjà la même application de cette vérité, que nos matérialistes du moment ont souvent débitée à partir de leur échoppe d'apothicaire et de leur clinique, alors même que, ce faisant, ils se donnent visiblement du bon temps ; et, comme nous l'avons montré, ils tiennent cette vérité pour être le résultat de l'empirie [2]. — Celui qui, au contraire, veut, à l'inverse, démontrer *a priori* ce qui ne se fait connaître qu'*a posteriori*, à partir de l'expérience, passe pour un charlatan et se rend ridicule. Schelling et ses disciples ont livré des exemples d'avertissement de cette faute lorsque, comme quelqu'un l'a autrefois exprimé avec ingéniosité, ils tirèrent *a priori* sur une cible clandestinement *a posteriori*. Les exploits de Schelling dans l'art et la manière peuvent être connus très clairement à partir de sa « Première esquisse d'une science de la nature » [3]. Dans ce travail, cela saute aux yeux : il abstrait pour lui-même des vérités générales, en secret et de façon tout à fait empirique sur la base de la nature s'étendant devant nous, à partir de quoi il a énoncé quelques formules sur sa constitution globale. Avec ces dernières, il débouche donc sur des principes découverts *a priori*

---

1. *L'impérial César, mort et devenu argile, /comblerait un creux pour tenir le vent éloigné. /O que la terre, qui tint le monde en respect, /calfeutre un mur contre les crevasses de l'hiver !* **2.** Terme allemand : *Empirie.* Il s'agit en fait d'un terme grec εμπειρια, *empeiria*, signifiant « expérience, science ou sagesse acquise par l'expérience », et en usage dans la terminologie aristotélicienne. **3.** Titre exact : *Première esquisse d'un système de philosophie de la nature* (1799). Schelling avait en 1797 publié *Idées pour une philosophie de la nature.* Dans ce domaine, la recherche de Schelling porte en effet essentiellement sur le discernement philosophique entre ce qui est *a priori* et ce qui dépend de la recherche expérimentale.

de l'intelligibilité d'une nature en général dont ensuite il déduit par bonheur à nouveau les faits trouvés au départ et se tenant donc à la base ; et, à partir de là, il démontre à ses disciples que la nature ne pourrait être autrement qu'elle n'est :

C'est le philosophe qui entre
et vous démontre que cela devait être ainsi.[1]
Goethe, *Faust*, I, vers 1928 et suiv.

À titre de divertissement analogue, qu'on lise les pages 96 et 97 du livre cité, « la déduction *a priori* de la nature inorganique et de la pesanteur ». Pour moi, c'est comme lorsqu'un enfant fait des tours de passe-passe et que je vois distinctement la manière dont il traite les boules sous le cornet, là même où je dois ensuite m'étonner de les y trouver. — Après un tel exemple du maître, il ne nous étonnera pas de trouver longtemps encore ses élèves sur la même voie et de constater comment, à partir de concepts vagues, empiriques, fixés, par exemple ceux de forme d'œuf, de forme de boule, et d'après des analogies montées et lorgnées à volonté, telles que : « animaux à œufs », « à tronc », « à ventre », « à poitrine », et bourdes semblables, ils veulent déduire *a priori* le comportement de la nature ; cependant, qu'on examine soigneusement leurs sérieuses déductions établies de sorte qu'elles ne visent toujours que l'a posteriori certain pour qu'ensuite elles ne fassent pas trop souvent violence à la nature afin de la mouler selon cette fantaisie. — En face d'eux, combien dignes se tiennent les Français avec leur empirisme[2] de bonne foi, appliqué ouverte-

---

1. *Der Philosoph, der tritt herein /Und beweist euch, es müszt ' so sein.* **2.** Terme allemand : *Empirie.* Dans la pensée de Schopenhauer, il s'agit vraisemblablement du positivisme de Comte (1798-1857), qui, par ailleurs, se défendait pourtant d'être empiriste.

ment, seulement pour apprendre à partir de la nature et approfondir sa marche, mais pas pour lui prescrire ses lois[1]. Sur le seul chemin de l'induction, ils ont aussi trouvé leur classification, aussi profondément conçue que concernée, du règne animal, que les Allemands ne s'entendent pas à apprécier ; de ce fait, ceux-ci tentent, à l'arrière-plan, de prouver leur propre originalité au moyen d'idées singulières et gauches comme celles mentionnées plus haut, à propos desquelles ils s'émerveillent entre eux — ces critiques sagaces et justes du mérite de l'esprit. Quel bonheur d'être né dans une telle nation ! 42

Devant toute nouvelle perspective sur l'objet de laquelle nous nous sommes déjà fait un jugement quelconque, il est tout naturel que nous nous comportions en nous défendant et en niant. Elle perce en effet de façon hostile le système provisoirement fermé de nos convictions, secoue la tranquillité ainsi acquise, exige de nous de nouveaux efforts, et déclare le vieux comme étant périmé. En conséquence, une vérité nous retenant des erreurs est à comparer à une médecine, aussi bien par son goût amer et repoussant que par le fait aussi qu'elle ne manifeste pas son action au moment de sa prise, mais seulement après quelque temps.

Si donc nous voyons déjà l'individu obstiné dans le maintien de ses erreurs, il en va ainsi d'autant plus de la masse et de la foule des hommes : sur leurs opinions conçues une fois pour toutes, l'expérience et l'apprentissage peuvent s'épuiser en vain durant des siècles. Dès lors, il y a aussi chaque jour certaines erreurs innombrables, aimées en général et fermement accréditées, répétées avec suffisance, desquelles j'ai

---

1. « Prescrire ses lois » : cette expression renvoie apparemment à Schelling, mais effectivement à Kant : « puisque les lois générales de la nature ont leur fondement dans notre entendement qui les prescrit à la nature » (*Critique du jugement*, Introduction, IV).

commencé un tableau, que je souhaite voir continué par d'autres :

1. Le suicide est une action lâche.
2. Qui se méfie des autres, est lui-même déloyal.
3. Le mérite et le génie sont sincèrement modestes.
4. Les aliénés sont excessivement malheureux.
5. La philosophie ne s'apprend pas, seulement le philosopher. (Est le contraire de la vérité.)
6. Il est plus facile d'écrire une bonne tragédie qu'une bonne comédie.
7. Ce qui a été répété par Bacon de Verulam : un peu de philosophie éloigne de Dieu ; beaucoup y ramène. Exact ? Allez voir ! [1] (Bacon de Verulam, *De augmentis scientiae,* liv. I, p. 12.)
8. *Knowledge is power* [2]. Le diable aussi ! L'un peut avoir beaucoup de connaissances sans posséder pour cela le moindre pouvoir, tandis qu'un autre a la puissance suprême avec très peu de connaissances. Hérodote exprime très justement le contraire de cette maxime : 'Εχθίστη δὲ ὀδύνη ἐστι τῶν ἐν ἀνθρώποισι αὕτη πολλὰ φρονέοντα μηδενὸς κρατέειν [3]. Qu'à un homme ses connaissances lui donnent la puissance sur une femme, par exemple, s'il connaît son secret ou si

---

1. En français dans le texte : *Allez voir !* Cf. Francis Bacon de Verulam (1561-1626), *Essais*, XVI, Traduits, avec une Introduction par Maurice Castelain, Paris, Aubier Montaigne, 1979, p. 83 : « Il est exact qu'un peu de philosophie incline les esprits vers l'athéisme, mais que la profondeur philosophique les ramène à la religion. » De même : « la philosophie fournit un remède et un antidote singulièrement efficaces contre les erreurs et le manque de foi » (*Œuvres de Bacon,* traduction revue et corrigée, et précédée d'une introduction par M. F. Riaux, Première série, *De la Dignité et de l'Accroissement des Sciences*, I, p.71-72). **2.** Le savoir est le pouvoir. C'est aussi un proverbe allemand : *Wissen ist Macht.* Cf. Francis Bacon, *Novum Organum*, I, Aph. III « Scientia et potentia humana in idem coincidunt. » **3.** Cf. *Histoires*, 9, 16 : « Le tourment le plus haï qu'il y ait chez les humains est que l'on comprenne beaucoup et que l'on ait cependant peu de pouvoir ».

inversement elle ne sait pas découvrir le sien, etc., ne justifie pas encore ce jugement.

Ils se redisent seulement l'un à l'autre la plupart de ces jugements, sans y penser grand-chose de remarquable, et simplement parce que, lorsqu'ils les entendirent la première fois, ils pensaient qu'ils leur paraissaient tout à fait avisés. 43

C'est surtout en voyage qu'on peut observer combien la manière de penser de la masse est rude et engourdie, et combien il est difficile d'avoir prise sur elle. Celui qui a le bonheur de pouvoir vivre davantage avec les livres qu'avec les hommes n'a jamais devant les yeux que la communication facile des idées et des connaissances, avec la rapide action ou réaction des esprits les uns sur les autres ; il oublie facilement combien il en va tout différemment dans le monde humain seul réel, et il finit même par croire que toute idée acquise appartient aussitôt à l'humanité. Mais il suffit de voyager un seul jour en chemin de fer, pour remarquer que là où l'on se trouve maintenant existent, et depuis des siècles, des préjugés, de fausses idées, des mœurs, des usages et des vêtements, inconnus là où l'on se trouvait hier. Il n'en est pas autrement des dialectes provinciaux. On peut en conclure qu'il y a un vaste abîme entre les livres et le peuple, et voir avec quelle lenteur, quoique sûrement, les vérités reconnues parviennent à ce dernier ; aussi, sous le rapport de la rapidité de la transmission, rien ne ressemble moins à la lumière physique que la lumière intellectuelle.

Tout cela vient de ce que la masse pense très peu ; le temps et l'habitude lui manquent à cet effet. Elle conserve ainsi très longtemps ses erreurs, mais n'est pas non plus, comme le monde cultivé, une girouette qui marque la rose des vents des changements journaliers d'opinions. Et c'est très heureux : car se représenter l'immense et lourde masse en un si rapide mouvement est une pensée terrible, surtout si l'on imagine tout ce que, dans ses virements, elle détruirait et bouleverserait. 44

La soif de connaissances, quand elle est dirigée vers l'universel, se nomme désir de savoir ; dirigée vers le particulier, elle se nomme curiosité. Les garçons montrent en général le désir de savoir ; les petites filles de la simple curiosité, mais celle-ci, à un degré étonnant, et souvent avec une naïveté désagréable. En cela s'annonce déjà la prédilection spécifique du sexe féminin pour le particulier, faute de sens pour l'universel. 45

Un cerveau heureusement organisé, par conséquent en possession d'un bon jugement, jouit de deux avantages. Le premier, c'est que ce qu'il y a de plus important dans ce qu'il voit, éprouve et lit, se dépose en lui et s'imprime de soi-même dans sa mémoire, pour en sortir quand il le faut, tandis que le reste s'écoule. Sa mémoire ressemble en conséquence à un crible fin qui ne conserve que les gros morceaux ; les autres ressemblent à des cribles grossiers qui laissent tout passer, à l'exception de ce qu'il reste par hasard. Le second avantage, apparenté au premier, c'est qu'il trouve à temps chaque fois ce qui appartient à une chose, lui est analogue[1], ou se rapproche d'elle, aussi éloigné que ce soit. Cela provient de ce qu'il saisit dans les choses ce qui leur est proprement essentiel, de sorte qu'il reconnaît aussitôt, même dans les plus opposées, leur lien identique. 46

[2] La grandeur de l'entendement n'est pas extensive, mais intensive : c'est ainsi qu'un seul peut y affronter en toute confiance cent mille, tandis qu'un rassemblement de mille imbéciles ne donne pas même un homme d'esprit. 47

Ce qui s'absente des têtes triviales fâcheuses, dont le

1. Cf. Nietzsche, *Le Livre du philosophe*, 131, *op. cit.*, p. 87 : « L'analogue appelle l'analogue et se compare par ce moyen : c'est cela le connaître, la rapide subsomption du même genre. »
2. Les sections 47 et 48 manquent dans la traduction de Dietrich.

monde est abondamment nanti [1], ce sont deux facultés apparentées, à savoir la faculté de juger et la faculté d'avoir des pensées personnelles. Mais les deux leur manquent à un degré dont celui qui ne fait pas partie des leurs ne se fait pas aisément une idée pour cette raison, ni d'ailleurs de la calamité de leur existence, du *fastidio sui, quo laborat omnis stultitia* [2]. Ce manque explique, d'une part, l'indigence de tout ce qui s'écrit chez toutes les nations et que les contemporains prennent pour leur littérature, et, d'autre part, le destin, parmi de telles gens, de ceux qui représentent ce qui est authentique et vrai. Toute création et toute pensée réelles sont en quelque sorte une tentative certaine pour donner une grande tête aux petites gens : rien d'étonnant qu'elle ne réussisse pas sur-le-champ. La jouissance que ressent l'écrivain exige toujours une certaine *sympathie* [3] entre sa manière de penser et celle du lecteur et sera d'autant plus grande que celle-ci est plus parfaite ; c'est ainsi qu'un grand esprit n'est totalement et parfaitement appprécié que par un autre grand esprit. Là-dessus reposent aussi le dégoût et la répugnance que provoquent les écrivains, mauvais ou médiocres, chez les têtes pensantes ; la conversation avec la plupart des humains agit de la même façon : à chaque instant on sent l'insuffisance et la *dysharmonie*.

À cette occasion, que soit intercalé l'avertissement qu'il ne faut pas mépriser un nouveau jugement ou une nouvelle pensée qui sont peut-être vrais, parce qu'on les trouve dans un mauvais livre, ou parce qu'ils sortent de la bouche d'un idiot. Un tel l'a volé, un tel l'a saisi au vol ; assurément, c'est ce qu'ils dissimulent. Ensuite il s'ajoute ce que dit le proverbe espagnol : *Mas sabe el necio en su casa, que el cuerdo en la*

---

1. Terme allemand : *wollgepfropft*, signifiant « greffé ».
2. « Dégoût de soi-même dont souffre toute stupidité ».
3. Terme allemand : *Einklang.*

ajena[1] — donc, dans sa spécialité, chacun en sait plus que nous. Enfin, il est connu que même les poules aveugles trouvent parfois un petit grain ; mais il est vrai aussi qu' *il y a un mystère dans l'esprit des gens qui n'en ont pas*[2]. D'où :

Πολλάκι καὶ κηπωρὸς ἀνὴρ μάλα καίριον εἶπε.
(*Et hortulanus saepe opportunissima dixit.*)[3]

Il arrive même aussi que l'on tienne depuis longtemps, d'individus sans importance et incultes, une observation ou une expérience que, pourtant, on n'a pas oubliée depuis, et qu'à cause de cette source on est incliné à mépriser ou à considérer comme une chose connue d'une manière générale et depuis longtemps ; alors qu'on se demande si on ne l'a pas réentendue ou même lue en ce temps-là : si ce n'est pas le cas, qu'on lui fasse honneur. — Mépriserait-on un diamant parce qu'on l'a trouvé dans un tas de fumier ? 48

Il n'y a pas d'instrument musical qui ne mêle au son pur, consistant uniquement dans les vibrations de l'air, une adjonction provenant des vibrations de sa propre matière, qui provoquent de nouveau, par leur impulsion, celle de l'air, et produisent un arrière-bruit accessoire apportant à chaque son ce qui lui est spécifi-

---

1. « Dans sa propre maison le fou en sait plus que le sage dans une maison étrangère. » **2.** En français dans le texte. **3.** « Même le cultivateur prononce parfois des paroles très avisées. »

(F) Ce qui est ci-dessus mentionné est rapporté par *Gaisford* dans sa préface au *Florilegium* de Stobée, p. XXX, d'après Gellius, *Noctes Atticae*, 2, chap. 6. Dans le *Florilegium* même (vol. I, p.107) est présenté ce qui suit comme un vers d' Eschyle, ce dont l'éditeur doute : Πολλάκι τοι καὶ μωρὸς ἀνὴρ κατακαίριον εἶπε. (*Saepe etiam stupidi non intempesta loquuntur*)

Traduction française : « Même les insensés prononcent parfois des paroles qui ne sont pas sans justesse ». Thomas Gaisford (1779-1855) est un philologue anglais, qui fut professeur à Oxford.

quement propre ; c'est ce qui distingue, par exemple, le son du violon de celui de la flûte. Mais plus ce mélange accessoire est faible, plus le son est pur. Voilà pourquoi le son le plus pur est celui de la voix humaine, parce que nul instrument artificiel ne le dispute à l'instrument naturel. De même, il n'y a pas d'*intellect* qui ne mêle à la partie essentielle et purement objective de la connaissance une partie subjective étrangère à celle-ci, provenant de la personnalité qui porte et conditionne l'intellect, c'est-à-dire quelque chose d'individuel qui contamine [1] la première. L'intellect qui subit le moins cette influence sera le plus purement *objectif*, c'est-à-dire le plus parfait. Que, par suite, ses productions contiennent et rendent à peu près exclusivement ce que tout intellect uniformément saisit des choses, c'est-à-dire ce qui est *purement objectif*, c'est justement la raison pour laquelle celles-ci nous agréent, dès qu'on les comprend. Voilà pourquoi j'ai dit que la génialité consiste dans l'objectivité de l'esprit. Cependant un intellect absolument objectif, donc complètement pur, est aussi impossible qu'un son absolument pur ; celui-ci, parce que l'air ne peut entrer de lui-même en vibration, mais doit y être poussé ; celui-là, parce qu'un intellect ne peut exister pour lui-même, mais seulement comme l'instrument d'une volonté, ou, pour parler le langage de la réalité, un cerveau n'est possible qu'en tant que partie d'un organisme. Une volonté déraisonnable, même aveugle, qui se représente comme organisme, est la base et la racine de tout intellect ; de là, l'imperfection de chacun et les traits de folie et d'absurdité dont aucun humain n'est exempt. Ici donc aussi, « pas de lotus sans tige » [2], et Goethe dit :

---

1. Terme allemand : *verunreinigt.* 2. Proverbe hindou.

La tour de Babylone a encore ses revenants ;
Ils ne peuvent s'accorder ensemble.
Chaque homme a son ver qui le ronge ;
Copernic a le sien[1].

Aux contagions[2] de la connaissance par la nature donnée une fois pour toutes du sujet — l'individualité — s'ajoutent celles qui viennent directement de la volonté et de sa disposition momentanée, c'est-à-dire de l'intérêt, des passions, des affects de l'être connaissant. Pour mesurer dans toute son étendue la grande part de subjectivité ajoutée à notre connaissance, il faudrait voir souvent le même fait avec les yeux de deux personnes ayant des idées et des intérêts différents. Cela ne se pouvant pas, il doit nous suffire d'observer combien les mêmes personnes et les mêmes objets s'offrent à nous sous un jour différent, selon le temps, la disposition d'esprit, l'occasion.

Au demeurant, notre intellect serait une chose magnifique, s'il existait *pour lui-même*, c'est-à-dire s'il était une intelligence originaire et pure, et pas simplement une faculté secondaire, qui a nécessairement sa racine dans une *volonté*, origine qui lui impose une contagion[3] de presque toutes ses connaissances et de tous ses jugements. Car, s'il n'en était pas ainsi, il pourrait être un organe pur de la connaissance et de la vérité. Mais, tel qu'il existe, il est bien rare que nous voyions en toute clarté une chose à laquelle nous sommes intéressés. C'est à peine possible : car, à chaque argument et à chaque fait qui vient s'y ajouter, la *volonté* intervient aussitôt, et sans que l'on puisse distinguer sa voix de celle de l'intellect même, les deux étant fondus en *un* seul « moi ». C'est surtout ce qui apparaît le plus claire-

1. *Noch spukt der Babylonsche Thurm ; /Sie sind nicht zu vereinen ! /Ein jeder Mann hat seinen Wurm, /Kopernikus den seinen.*
2. Terme allemand : *Verunreinigungen* **3.** Terme allemand : *Verunreinigung*

ment lorsque nous voulons pronostiquer l'issue d'une chose qui nous tient à cœur : l'intérêt fausse alors presque chaque mouvement de l'intellect, que ce soit par crainte ou par espérance. On ne peut guère y voir clair, car l'intellect ressemble alors à un flambeau à la lueur duquel on doit lire, tandis que le vent de la nuit le secoue violemment. Mais, pour cette raison, même dans les circonstances très émouvantes, il est un ami fidèle et sincère d'une inestimable valeur, parce que, hors de cause lui-même, il voit en effet les choses comme elles sont ; tandis qu'elles se présentent à notre vue faussées par la duperie des passions. — Nous ne pouvons former un jugement exact des choses passées ou un pronostic exact des choses futures que lorsqu'elles ne nous intéressent en rien, c'est-à-dire ne portent aucun préjudice à notre intérêt ; car nous ne sommes pas intègres, et notre intellect est en réalité infecté [1] et souillé par la volonté, sans que nous ne le remarquions. Cette imperfection et même cette falsification des données expliquent que des gens de tête et de savoir se trompent parfois *toto cœlo* [2] en prédisant l'issue d'événements politiques.

Les contagions subjectives de l'intellect, surtout chez les artistes, les poètes et les écrivains, sont produites par ce qu'on nomme les idées du temps, aujourd'hui la « conscience du temps », c'est-à-dire par certaines manières de voir et notions en vogue. L'écrivain badigeonné de leur couleur s'en est laissé imposer par elles, au lieu de ne pas y prêter attention ou de les repousser. Quand, ensuite, après une suite plus ou moins longue d'années, ces manières de voir ont complètement disparu et sont oubliées, les œuvres de cette époque sont privées du soutien qu'elles leur apportaient, et paraissent alors souvent d'un mauvais goût incroyable ; elles font en tout cas l'effet d'un vieil almanach. Seul le véritable poète ou le penseur authentique se tient au-dessus de

---

1. Terme allemand : *inquiniert.* 2. Totalement.

telles influences. Schiller avait même examiné la *Critique de la raison pratique*, et elle lui avait imposé le respect ; mais Shakespeare n'avait regardé que le monde. C'est pourquoi nous trouvons, dans tous ses drames, mais particulièrement dans ceux relatifs à l'histoire d'Angleterre, les personnages habituellement animés par les motifs de l'égoïsme ou de la méchanceté ; il y a peu d'exceptions, et elles ne sont pas très sensibles. Car il voulait montrer les *êtres humains* dans le miroir de la poésie, et non des caricatures morales ; aussi chacun les reconnaît-il dans ce miroir, et ses œuvres vivent et vivront éternellement. Quant aux personnages du *Don Carlos* de Schiller, on peut assez bien les partager en blancs et en noirs, en anges et en démons. Aujourd'hui déjà ils paraissent étranges. Que sera-ce dans cinquante ans ! 49

[1] La vie des *plantes* s'ouvre dans la simple *existence* : par suite, leur jouissance est un agrément purement et absolument morne et subjectif. Chez les *animaux*, intervient la *connaissance* : cependant, elle reste entièrement réduite aux mobiles, en vérité, aux plus proches. C'est pourquoi ils trouvent aussi dans la simple existence leur pleine satisfaction, et cela suffit pour remplir leur vie. Ils peuvent en conséquence demeurer des heures durant inactifs, sans ressentir ni agrément ni impatience, bien qu'ils ne pensent pas mais regardent simplement. Ce n'est que chez les animaux les plus intelligents, comme les chiens et les singes, que se fait déjà sentir le besoin d'activité en même temps que l'ennui ; c'est la raison pour laquelle ils aiment jouer, s'amuser avec les passants à la manière des badauds, par quoi ils entrent déjà dans *une* classe, celle des badauds humains que l'on voit, de toutes parts, nous fixer, aux fenêtres, et qui irritent particulièrement dès que l'on constate que ces humains sont des étudiants.

---

1. Le §. 50 manque dans la traduction de Dietrich.

Ce n'est qu'avec les êtres humains que la *connaissance* — c'est-à-dire la conscience de choses différentes, opposée à la simple conscience de soi — a atteint un haut degré et, par l'entrée de la raison, s'est élevée jusqu'à la réflexion. Par suite, la vie humaine peut être remplie, s'ajoutant à la simple *existence*, par la *connaissance* en tant que telle, qui est, pour ainsi dire, une seconde existence dans d'autres êtres et dans d'autres choses, en dehors de la personne individuelle. Seulement, chez l'humain aussi, le fait de connaître se réduit la plupart du temps aux *mobiles*, y compris toutefois les mobiles éloignés qui, lorsqu'ils sont compris à grande échelle, se dénomment « connaissances utiles »[1]. Cependant, en lui, la connaissance *libre*, désintéressée, ne persiste pas au-delà de ce que la curiosité et le besoin de passe-temps ne le demandent, mais est néanmoins présente chez tout individu, au moins dans cette proportion. Entre-temps, si, en ce qui le concerne, les mobiles lui laissent du repos, une grande partie de sa vie aussi est remplie de la simple *existence* dont témoignent l'occupation fréquente de badauder ainsi que la sociabilité qui y est relative, et qui consiste principalement dans la simple réunion aux autres, sans parler ou en échangeant des paroles parcimonieuses et pauvres[2]. Dans le fond de leur cœur, et sinon toujours avec une conscience claire, il est vrai que la plupart des hommes ont pour maxime ou règle de conduite de leurs évolutions, l'intention *de s'en tirer avec le minimum possible de frais de pensées*, parce que la pensée leur est une charge et une peine. En conséquence, ils ne pensent, de toute façon, qu'autant que leur profession l'exige, et, de nouveau, qu'autant que leurs divers passe-temps, aussi bien conversations que jeux, le demandent, et les deux sortes d'activité doi-

1. En allemand : *nützliche Kenntnisse.*

2. (F) L'homme commun appréhende l'effort corporel, mais encore l'effort intellectuel : c'est pourquoi il est si ignorant, si dénué de pensée et de jugement.

vent être organisées afin de s'exercer avec le minimum d'effort intellectuel. Mais, si tout effort de pensée doit disparaître pendant leurs heures de liberté, ils se tiennent alors durant des heures à la fenêtre, fixant bouche bée les incidents les plus insignifiants ; et ils démontrent ainsi le *ozio lungo d'uomini ignoranti* [1] de l'Ariosto, plutôt que de devoir prendre un livre en main, occupation qui réclame l'usage de la faculté de penser.

Ce n'est que lorsque l'intellect dépasse la mesure nécessaire que la connaissance devient plus ou moins un but en soi. D'après cela, c'est un événement totalement anormal lorsque, chez un individu quelconque, l'intellect abandonne sa détermination naturelle, c'est-à-dire le service de la volonté et par conséquent la conception des simples relations aux choses, pour s'exercer de façon purement objective. Mais là est précisément l'origine de l'art, de la poésie et de la philosophie, qui sont donc produits par un organe qui ne leur est pas *a priori* [2] destiné. En effet, l'intellect est originairement [3] un petit manufacturier soumis à un labeur ingrat, et que son maître exigeant, la volonté, occupe du matin au soir. Toutefois, il arrive donc à ce vassal exploité d'exécuter, dans une heure de fête, de sa propre initiative, une partie de son travail en toute liberté et sans but, simplement pour sa seule satisfaction et pour son seul plaisir — en ce cas, c'est une œuvre d'art authentique, et, lorsqu'elle est excellemment accomplie, c'est l'œuvre d'un génie [4].

---

1. Cf. *Orlando furioso*, 34, 75 : « l'ennui des ignorants. »
2. Terme allemand : *ursprünglich.* **3.** Terme allemand : *von Hause aus.*

4. (F) Il n'y a pas de différence de classe, de rang, de naissance aussi grande que le gouffre qui sépare les innombrables millions de gens qui considèrent et n'utilisent leur *tête que comme la domestique de leur ventre*, c'est-à-dire comme un instrument au service de la volonté — et ceux, extrêmement peu nombreux et même rares, qui ont le courage de dire : Non, il est trop bon pour cela, il ne doit s'occuper que de ses propres finalités, c'est-à-dire de la conception

Celui-ci repose sur l'usage orienté de façon purement objective de l'intellect, ainsi qu'il en est fondamentalement dans toutes ses prestations accomplies

---

du jeu merveilleux de ce monde bariolé, pour le rendre ensuite, d'une manière ou d'une autre, en tant qu'image ou explication, d'après la modalité de tout individu qui en jouit. Tels sont les véritables *nobles*, à proprement parler la noblesse du monde. Les autres sont des serfs, *glebae adscripti* [attachés à la glèbe]. Assurément, parmi ceux-ci il n'y a pas que ceux auxquels nous pensons, qui n'ont simplement pas que le courage, mais encore ceux qui ont la profession et par conséquent le droit d'affranchir la tête du service de la volonté, si bien que le sacrifice en vaut la peine. Pour les autres, chez qui tout cela n'est présent que partiellement, ce gouffre n'est pas aussi large ; mais une ligne de démarcation aiguë demeure toujours, même chez un talent, petit mais décidé. Ce qu'une nation a à montrer de productions dans les domaines des *beaux-arts*, de la *poésie* et de la *philosophie*, est le rapport de l'excédent d'*intellect* devenu présent en elle. La *grande majorité des humains* est ainsi faite que, conformément à leur nature tout entière, pour eux il ne peut y avoir rien de sérieux que manger, boire et s'accoupler. Ce que les natures rares et nobles ont apporté dans le monde, que ce soit religion, science ou art, ceux-ci l'ont aussitôt utilisé comme des instruments au service de leurs finalités mesquines, en en faisant la plupart du temps leur masque. — L'*intellect des gens vulgaires* est très étroitement attaché à, pour ainsi dire, un point de repère, la volonté, si bien qu'il est identique à un pendule, court et donc animé d'oscillations rapides, ou bien à un angle d'élongation avec un petit rayon vecteur [distance variable à partir d'un point fixe, par exemple la trajectoire elliptique vers l'un de ses foyers]. Il s'ensuit qu'ils ne voient rien en particulier aux choses si ce n'est le profit ou le préjudice qu'ils peuvent en avoir, et cela d'autant plus clairement qu'il en résulte une grande adresse dans le traitement de celles-ci. Au contraire, l'*intellect génial* voit *la chose même*, et c'est en quoi consiste sa compétence. Mais, de cette manière, la connaissance du profit ou du préjudice à en tirer est obscurcie ou entièrement supprimée ; par suite, il arrive, la plupart du temps, que tous leurs autres moyens dans la vie soient plus adroits qu'il ne l'est. On peut comparer les deux types à deux joueurs d'échecs, dans une maison étrangère, auxquels on aurait proposé des pièces du jeu authentiquement chinoises, excessivement belles et artistiquement travaillées. L'un perd, parce que la contemplation des figures le distrait et le disperse ; l'autre, ne portant pas d'intérêt pour ce genre de choses, ne voit en elles que de simples pièces d'échecs et gagne.

aux plus hauts degrés, qu'elles soient artistiques, poétiques, philosophiques et aussi bien surtout purement scientifiques, et il trouve place déjà dans la conception et l'étude de celles-ci et parallèlement dans l'intérêt libre, c'est-à-dire nullement personnel, de n'importe quelle réflexion sur n'importe quel objet. Assurément, il anime même le simple dialogue si son thème est purement objectif, c'est-à-dire se tient sans relation aucune avec l'intérêt, par conséquent avec la volonté des interlocuteurs. Semblable usage purement objectif de l'intellect se rapporte à l'usage subjectif, c'est-à-dire à l'intérêt personnel, si indirectement que ce soit, comme celui de la danse à la marche : car il est, comme l'action de danser, l'utilisation sans but d'un excès de forces. A l'opposé, l'usage subjectif de l'intellect est l'usage naturel ; puisque l'intellect est né au service de la volonté. C'est aussi ce que nous avons en partage avec les animaux : il est l'esclave du besoin, porte l'estampille de notre misère, et, en lui, nous apparaissons tels que des *glebae adscripti*[1]. Il n'a pas lieu seulement à l'occasion du travail et des dérivatifs individuels, mais encore aussi dans toutes les conversations sur les affaires personnelles et principalement matérielles, telles que le boire et le manger et les commodités habituelles, ensuite le gagne-pain et tout ce qui s'y rapporte, en plus des utilités de cette sorte, même si elles concernent une instance commune ; car une instance commune demeure une instance commune[2]. La plupart des hommes ne sont certes capables d'aucun autre usage de leur intellect, parce que celui-ci n'est qu'un instrument au service de leur volonté, et se donne à fond dans ce service sans laisser de reste. C'est ce qui rend les individus si secs, si bêtement

1. Collés à la glèbe. 2. Jeu de mots par la répétition du terme allemand : *gemein*. Ce qui concerne la vie commune est « commun », au sens de « trivial ».

tristes et incapables de tout entretien objectivement intéressant ; si bien que le lien étroit entre l'intellect et la volonté est même visible sur leur visage. L'expression de restriction qui, de ce fait, s'impose à nous souvent de façon terrassante, ne désigne précisément que la réduction de leur faculté de connaître aux affaires de la volonté. On voit qu'il n'y a là tout juste assez d'intellect que ce qu'en exige ici, pour ses propres finalités, la volonté donnée, et pas plus : là-dessus repose la vulgarité de leur manière de voir, qu'on se réfère au *Monde comme volonté et comme représentation*, Volume II, p. 380 [1]. Conformément à cela, l'intellect sombre alors aussi dans l'inactivité, dès que la volonté ne le motive plus. Ils ne prennent absolument pas en compte un intérêt *objectif*. Ils n'accordent leur attention, pour ne pas dire leur réflexion, à aucun sujet qui n'ait au moins une possible relation à leur personne : en dehors de cela, aucune chose ne mérite un intérêt à leurs yeux. Pas un instant ils ne sont stimulés par une plaisanterie ou un mot d'esprit, ils haïssent plutôt tout ce qui exige la moindre réflexion ; à la rigueur, de grossières facéties les font rire, sinon ce

---

1. C'est au second volume de la seconde édition que renvoie Schopenhauer : « *Hingegen setzt das Auffassen der Ideen aus der* Wirklichkeit *gewissermaszen ein Abstrahieren vom eigenen Willen, ein Erheben über sein Interesse voraus, welches ein besondere Schwungkraft des Intellekts erfordert. Diese ist im höhern Grade und auf einige Dauer nur dem Genie eigen, als welches eben darin besteht, da ein gröszeres Masz von Erkenntniskraft da ist, als der Dienst eines individuellen Willens erfordert, welcher Überschusz frei wird und nun ohne Bezug auf den Willen die Welt auffaszt.* » Cf. MVR, trad., *op. cit.*, p. 1096 : « Au contraire, pour saisir l'idée du milieu de la réalité, il faut en quelque sorte faire abstraction de sa volonté propre, s'élever au-dessus de son intérêt, ce qui exige une énergie particulière de l'intelligence. Cette énergie n'appartient au plus haut degré et pour quelque durée qu'au seul génie ; le génie en effet consiste précisément dans la possession d'une force intellectuelle, et dans l'emploi de l'excédent resté libre à la connaissance pure du monde sans souci de la volonté. »

sont des bêtes sérieuses : tout simplement parce qu'ils ne sont capables que d'un intérêt *subjectif.* C'est précisément pourquoi le passe-temps qui leur convient est le jeu de cartes — et ils jouent particulièrement pour de l'argent ; parce que cela ne se tient pas, comme le théâtre, la musique, la conversation, etc., dans la sphère de la connaissance pure, mais mobilise la *volonté* même, ce qu'il y a de primaire et qui doit se trouver partout. De plus, du premier au dernier souffle de vie, ce sont des marchands, ils sont les portefaix-nés de la vie. Leurs jouissances sont toutes sensuelles : ils n'ont aucune réceptivité pour d'autres plaisirs. Avec eux, on doit parler affaires ; sinon pas du tout. La sociabilité en leur compagnie est dégradation, rien d'autre que le fait d'être ensemble. *Leurs* entretiens sont ce que Giordano Bruno[1] (en conclusion de *La Cena delle ceneri*[2]) a désignés comme *vili, ignobili, barbare ed indegne conversazioni*[3], et qu'il se jure simplement lui-même d'éviter. A l'opposé, en ce qui concerne l'entretien entre des gens qui de toute manière sont capables d'un usage purement *objectif* de leur intellect — la matière en serait-elle encore assez légère et n'en sortirait-il qu'une raillerie, et par conséquent toujours un simple jeu des forces intellectuelles —, il s'agit d'un entretien se rapportant à l'autre comme la danse à la marche. Un tel entretien correspond à ce qui se passerait si deux personnes ou plusieurs dansaient ensemble ; tandis que l'autre, au contraire, ressemble à une simple marche, où l'on avance l'un à côté de l'autre ou bien à la queue leu leu.

Cette propension, toujours liée à la capacité adé-

---

1. Giordano Bruno (1548-1600), philosophe italien, auteur de trois dialogues cosmologiques, composés en Angleterre, et parus en 1584 : *Le Banquet des cendres*, *De la cause, du principe et de l'unité*, *L'Infini, l'univers et le monde.* **2.** *Le Banquet des cendres.* **3.** « Conversations vulgaires, ignobles, barbares et indignes ».

quate, à un tel usage libre, et donc anormal, de l'intellect atteint chez le *génie* le degré auquel la connaissance devient l'activité principale, le but de la vie tout entière ; à l'opposé, l'existence proprement dite descend à l'état de chose accessoire, de simple *moyen* ; si bien que le rapport normal se renverse totalement. Par conséquent, à travers la conception scientifique du monde, le génie vit *grosso modo* davantage dans ce monde superflu que dans sa propre personne. L'accroissement tout à fait anormal des forces cognitives lui ôte la possibilité de remplir son temps par l'*existence* pure et simple et ses finalités : son esprit a besoin d'une occupation constante et forte. D'où, il lui manque cet abandon dans la conduite des larges fresques de la vie quotidienne et cette allure dégagée qui été donnée à la plupart des gens ordinaires, qui assument la partie même purement cérémonielle de celle-ci avec un véritable plaisir. Aussi, serait-ce pour la vie pratique courante qui en tant que telle est mesurée aux forces intellectuelles simplement normales, le génie est une mauvaise dotation et comme toute anomalie un obstacle. En effet, par cet accroissement des forces intellectuelles, la conception intuitive du monde extérieur acquiert une clarté objective assez grande pour en libérer beaucoup plus qu'il n'en est requis au service de la volonté, au point que cette richesse devient directement embarrassante dans la mesure où la considération constante des phénomènes donnés en tant que tels et en soi éloigne de la considération de leurs relations à la volonté individuelle et entre eux, et de ce fait trouble et entrave la conception paisible de ceux-ci. Au service de la volonté se tient plutôt une considération des choses suffisante, qui ne livre pas plus que les relations de celles-ci à nos finalités quotidiennes avec ce qui s'y rattache, et par conséquent consiste en de simples relations, supposant une possible cécité envers tout le reste : cette sorte de connaissance est affaiblie et déconcertée par une conception objective et totale de l'essence des choses. C'est alors que se confirme la sentence de Lactance : *Vulgus interdum plus sapit, quia tantum quantum, opus est, sapit*[1].

C'est donc pourquoi le génie se tient à l'opposé de la faculté pratique d'agir, particulièrement à l'occasion de son rendez-vous suprême, là où elle se distingue dans l'agitation politique mondiale, parce que justement la haute perfection et la belle réceptivité de l'intellect freinent l'énergie du *vouloir* ; mais, entrant en scène en tant que hardiesse et fermeté — serait-elle accompagnée seulement d'un entendement bon et juste, d'un jugement droit et de quelque finesse —, celle-ci est ce qui donne directement l'homme d'État, le général en chef, et même le personnage de l'histoire mondiale, lorsqu'à la faveur de circonstances favorables elle va jusqu'à la témérité et jusqu'à l'obstination. Il est cependant ridicule, à propos de cette catégorie de personnes, de vouloir parler de *génie.* Tout autant ce sont les niveaux les plus bas de la réflexion humaine, c'est-à-dire la ruse, la finesse, et des talents certains mais bornés, qui rendent capables de prospérer dans le monde, et fondent facilement le bonheur personnel, tout particulièrement quand il vient s'y joindre ici l'impudence (comme plus haut la témérité). Car, à tous ces niveaux inférieurs de la réflexion, l'intellect reste, selon sa détermination naturelle, voué au service de la volonté, si ce n'est qu'il s'en acquitte avec la plus grande précision et la plus grande facilité. Au contraire, en ce qui concerne le génie, il se soustrait à la volonté. Aussi le génie n'est-il pas propice au bon-

---

1. Cf. Lactance (IVe siècle après J.-C.), *Divinarum Institutionum Libri Septem*, Livre 3, chapitre 5 : « Le peuple a souvent plus d'intelligence, parce qu'il a juste autant d'intelligence qu'il est nécessaire ».

heur personnel : et c'est pourquoi Goethe donnant la parole au Tasse[1], lui fait dire :

La couronne de lauriers est, là où elle t'apparaît,
Un signe plutôt de douleur que de bonheur.

Par conséquent, le génie est certainement, pour celui qui en est doué, un gain immédiat, mais nullement un médiateur[2]. 50

---

1. Dans *Torquato Tasso* (1780-1789), Goethe, en effet, met en scène son problème personnel en présentant les difficultés du génie aux prises avec les réalités de la vie quotidienne à la cour. Cf. Acte III, Scène 4 : *Der Lorbeerkranz ist, wo er dir erscheint, /Ein Zeichen mehr des Leidens als des Glücks.*

2. (F) En ce qui concerne les animaux, on conçoit que leur *intellect* soit uniquement occupé à servir leur *volonté* ; chez la plupart des êtres humains, il n'est pas de règle qu'il soit très différent. Chez eux aussi, on conçoit généralement que plus d'un ne fût encore jamais autrement occupé, mais qu'il fût toujours seulement dirigé vers les petites finalités de la vie et à cet effet vers des moyens aussi sordides qu'indignes. Celui qui bénéficie d'un surplus d'intellect par rapport à la mesure nécessaire au service de la volonté, lequel surplus entre alors de lui-même dans une activité totalement libre, non pas inspirée par la volonté et ne concernant pas davantage les finalités de la volonté, une activité dont le résultat deviendra une conception purement objective du monde et des choses — un tel homme est *un génie*, et cela se trouve gravé sur son visage, moins fortement toutefois que tout surplus par rapport à la dite mesure nécessaire.

L'échelle de mesure la plus juste de la *hiérarchie des intelligences* est livrée par le niveau dans lequel elles appréhendent les choses selon un statut soit purement *individuel* soit de plus en plus *général*. Ne reconnaissant que le particulier en tant que tel, l'animal reste donc entièrement prisonnier de la conception de l'individuel. Mais tout être humain comprend l'individuel dans des concepts, c'est en quoi consiste l'usage de sa raison, et ces concepts deviennent d'autant plus généraux que son intelligence se tient à un niveau plus élevé. Dès que cette conception du général pénètre également la connaissance *intuitive* et pas seulement les concepts, c'est l'intuitionné qui est immédiatement saisi en tant que réalité générale ; alors naît la connaissance des *Idées* (platoniciennes) : elle est esthétique, devient, si elle est spontanée, géniale et atteint le degré suprême, si elle devient philosophique, dans la mesure où se présente, comprise dans sa constitution intuitive, la totalité de la vie,

Pour celui qui est capable de comprendre une chose *cum grano salis*[1], le rapport du génie à l'être humain normal s'exprimerait peut-être le plus clairement de la façon suivante : un génie est un être qui a un *double* intellect : l'un *pour lui-même*, au service de sa volonté, et l'autre *pour le monde* dont il devient le miroir, en le concevant au point de vue *purement objectif*. La somme ou la quintessence de cette conception sera rendue en œuvres d'art, de poésie ou de philosophie, une fois que le perfectionnement technique aura joué son rôle. L'être normal, au contraire, ne possède que le premier intellect, qu'on peut nommer le *subjectif*, comme l'intellect génial est l'*objectif*. Quoique cet intellect subjectif puisse être doué à des degrés très différents de perspicacité et de perfection, une gradation déterminée ne l'en sépare pas moins toujours du double intellect du génie — il en va de telle sorte que, si élevées que soient les notes de la voix de poitrine, elles diffèrent toujours essentiellement du fausset, qui est, comme les deux octaves supérieures de la flûte et les sons de flageolet du violon, l'unisson des deux moitiés de la colonne de vibration de l'air séparée par un nœud de corde sonore ; tandis que, dans la voix de poitrine et les basses octaves de la flûte, vibre uniquement la colonne d'air tout entière. Cela permet de comprendre cette particularité spécifique du génie, qui est si visiblement imprimée dans les œuvres et même sur la physionomie de celui qui la possède. De même, il est clair qu'un tel double intellect doit faire le plus

---

des êtres et de leur caractère éphémère, du monde et de sa persistance, pour s'imposer dans cette forme à la conscience comme l'objet de la méditation. C'est le degré supérieur de la circonspection. — Ainsi, entre celui-ci et la connaissance purement animale, s'étendent d'innombrables degrés, qui se distinguent par le devenir toujours plus général de la conception.

1. « Avec un grain de sel » : avec réduction. L'expression est due à Pline, *Histoire naturelle*, 21, 8, 149.

souvent obstacle au service de la volonté, ce qui explique le peu d'aptitude déjà signalé du génie pour la vie pratique. Il manque particulièrement à celui-ci la modération, qui caractérise le simple intellect ordinaire, qu'il soit aiguisé ou obtus. 51

De même que le cerveau, là-haut, dans sa solide demeure bien administrée, mène une vie indépendante de parasite qui se nourrit aux dépens de l'organisme, sans contribuer directement à l'économie intime de celui-ci, de même l'individu hautement doué du point de vue intellectuel mène encore, outre la vie intellectuelle commune à tous, une seconde vie purement intellectuelle qui consiste dans la rectification et l'accroissement perpétuels, non pas de la simple volonté, mais de la connaissance et de l'intuition liées à celle-ci, et n'est pas impressionnée par la destinée de la personne, pourvu que cette destinée ne vienne pas la troubler dans son activité ; en même temps cette vie élève et met l'homme au-dessus de ladite destinée et de ses chances. Elle consiste à penser, apprendre, essayer et s'exercer constamment, et devient peu à peu l'existence principale, à laquelle l'existence personnelle se subordonne comme simple moyen pour atteindre le but. Un exemple de l'indépendance et de l'abstraction de cette vie intellectuelle nous est donné par Goethe, qui, au milieu du tumulte des champs de bataille, pendant la campagne de France, observe des phénomènes relatifs à sa « théorie des couleurs », et qui, aussitôt qu'il lui est permis de faire un instant trêve à la misère infinie de cette campagne et de se reposer un peu dans la forteresse de Luxembourg, reprend son travail de rédaction. Il nous a laissé ainsi un modèle que nous devons suivre, nous qui sommes le sel de la terre, en vaquant toujours sans trouble à notre vie intellectuelle, quelque emportée dans la tourmente du monde que soit notre vie personnelle, en n'oubliant jamais que nous sommes les fils non de la servante, mais de la femme libre. Je propose de prendre pour notre emblème et pour notre blason familial un arbre violemment agité par la tempête, et qui n'en montre pas moins sur chacune des branches ses fruits dorés, avec la devise : *Dum convellor milescunt*[1], ou encore : *Conquassata, sed ferax*[2].

À cette vie purement intellectuelle de l'individu en répond une similaire de l'ensemble de l'humanité, dont la vie *réelle* repose également sur la *volonté*, aussi bien d'après sa signification empirique que d'après sa signification transcendante. Cette vie purement intellectuelle de l'humanité consiste dans sa connaissance continue grâce aux sciences, et dans le perfectionnement des arts : celles-là et ceux-ci s'avancent lentement au cours des âges et des siècles, et il passe devant eux les générations isolées qui leur fournissent leur tribut. Cette vie intellectuelle plane, comme une adjonction éthérée, comme un parfum suave émanant de la fermentation, au-dessus de l'agitation mondaine, de la vie réaliste des peuples que dirige la *volonté*, et, parallèlement à l'histoire de l'humanité, loin des souillures sanglantes, marche innocemment l'histoire de la philosophie, des sciences et des arts[3]. 52

La différence entre le génie et les têtes normales n'est d'ailleurs que *quantitative*, en tant qu'elle est une différence de degré ; cependant on est tenté de la regarder comme *qualitative*, quand on considère combien les têtes ordinaires, malgré leur diversité individuelle, ont néanmoins une certaine direction commune de penser, en vertu de laquelle, dans les mêmes occasions, toutes leurs idées prennent aussitôt la même voie et tombent dans la même ornière — d'où, l'accord fré-

---

1. « Tandis que je suis ébranlé, ils mûrissent. » **2.** « Fortement secouée, mais féconde. » **3.** Considérée d'un point de vue collectif, l'œuvre de l'intellect surabondant n'est autre que tout ce qu'une nation peut montrer dans le domaine des œuvres d'art, de poésie et de philosophie.

quent de leurs jugements, non fondés sur la vérité, et qui va si loin que certaines de leurs idées fondamentales, professées de tout temps, sont toujours répétées et de nouveau avancées, alors que les grands esprits de toutes les époques leur font opposition ouvertement ou sourdement. 53

Un génie est un être humain dans la tête duquel *le monde comme représentation* a atteint un degré de clarté de plus et se trouve plus nettement imprimé ; et, puisque ce n'est pas l'observation soigneuse du détail, mais l'intensité de la conception de l'ensemble qui fournit l'intuition la plus importante et la plus profonde, l'humanité peut attendre de lui la plus grande somme d'enseignement. Il la lui donnera, s'il parvient à son développement sous une forme ou sous une autre. On peut donc définir également le génie comme la conscience admirablement claire des choses, et, partant aussi de ce qui s'y oppose, le propre soi. C'est à l'homme ainsi doué que l'humanité demande des lumières sur les choses et sur sa propre existence [1].

En attendant, comme tous les autres, celui-ci est ce qu'il est d'abord pour lui-même ; c'est, dans l'essence des choses, inévitable, immodifiable. Ce qu'au contraire il est pour les autres demeure, comme un point secondaire, soumis au hasard. Ils ne peuvent, en

1. (F) Par la rencontre la plus rare de plusieurs circonstances les plus hautement favorables, il arrive de temps à autres, une fois peut-être par siècle, que naisse un être humain doué d'un *intellect* qui dépasse *remarquablement la mesure normale*. (N'oublions pas que l'intellect est une propriété secondaire, c'est-à-dire accidentelle par rapport à la volonté.) Il peut toutefois se passer du temps avant que cet individu ne soit distingué et apprécié — la sottise, d'une part, l'envie, de l'autre, y mettent obstacle. Mais, la chose *a-t-elle lieu*, alors les hommes se pressent autour de lui et de ses œuvres, dans l'espérance qu'il fera pénétrer un rayon de lumière dans l'obscurité de leur existence, qu'il leur fournira des éclaircissements sur celle-ci : en quelque sorte une *révélation* provenant d'un *être supérieur*, si peu même que ce soit.

tout cas, recevoir de son génie plus qu'un reflet, moyennant une tentative réciproque pour penser ses idées avec leurs cerveaux, dans lesquels subsisteront néanmoins toujours des plantes exotiques, naturellement étiolées et chétives. 54

Pour avoir des idées originales, extraordinaires, peut-être même immortelles, il suffit de s'isoler si absolument du monde et des choses pendant quelques instants, que les objets et les événements les plus ordinaires vous paraissent complètement nouveaux et inconnus, et révèlent ainsi leur véritable essence. Cette exigence n'est pas difficile à remplir ; mais son accomplissement n'est nullement en notre pouvoir, et elle est précisément la marque du génie[1]. 55

Le *génie* est parmi les autres têtes ce que l'escarboucle est parmi les pierres précieuses : elle rayonne de sa propre lumière, tandis que les autres ne reflètent qu'une lumière d'emprunt. — On peut dire aussi que le génie est par rapport à ces têtes ce que les corps idioélectriques sont par rapport aux simples conducteurs de l'électricité. Il ne s'applique donc pas au savant ordinaire, qui ne fait qu'enseigner ce qu'il a appris, de même que les corps idioélectriques ne sont pas conducteurs. Il est, à la simple science, si l'on veut, ce que le texte est aux notes. Un savant est celui qui a beaucoup appris ; un génie, celui qui apprend à l'humanité ce qu'il n'a appris de personne. — En conséquence, les grands esprits — dont un seul à peine éclot parmi des centaines de millions d'êtres humains — sont les phares de l'humanité, faute desquels celle-ci se perdrait dans la mer sans bornes des plus effroyables erreurs et de l'abrutissement.

En attendant, le savant ordinaire, le professeur titu-

---

1. (F) Le génie à lui seul ne peut pas plus avoir de pensées originelles que la femme à elle seule ne peut engendrer d'enfants ; mais l'occasion extérieure doit venir, comme fait le père, féconder le génie, afin qu'il engendre.

laire de Göttingen, par exemple, considère le génie à peu près comme nous considérons le lièvre qu'on ne peut utiliser et préparer qu'après sa mort ; aussi, tant qu'il est vivant, doit-on tirer sur lui. 56

Celui qui veut éprouver la reconnaissance de son époque doit marcher du même pas qu'elle ; mais cela ne produit jamais rien de grand. Aussi, quand on se propose de grandes choses, doit-on fixer ses regards sur la postérité et travailler avec une confiance assurée pour celle-ci. Il s'ensuit qu'on puisse rester inconnu de ses contemporains, cas où l'on serait comparable à l'homme qui, contraint de passer sa vie dans une île déserte, y dresserait péniblement un monument destiné à transmettre le souvenir de son existence aux navigateurs futurs. Si cela semble dur, il faut se consoler par l'idée que pareil destin frappe souvent même l'homme ordinaire simplement pratique, qui n'a, en revanche, aucune compensation à attendre. S'il est favorisé par sa position, celui-ci exercera une activité productive sur le terrain matériel, acquerra, achètera, bâtira, défrichera, plantera, fondera, organisera, améliorera, avec une ardeur quotidienne et un zèle infatigable. Il s'imagine travailler pour lui-même ; mais le tout finit par profiter seulement aux *descendants*, et très souvent pas même aux siens. Aussi peut-il s'appliquer également le *nos non nobis* [1], et pour récompense il a eu son travail. Sa situation n'est donc pas meilleure que celle de l'homme de génie, qui attendait sans doute aussi une récompense, au moins de l'honneur, et qui finalement n'a travaillé que pour la postérité. Ajoutons que tous les deux ont beaucoup hérité aussi de leurs ascendants.

Mais la compensation réservée au génie consiste,

---

1. « Par nous, non pour nous ». D'après Aelius Donatus, *Vita Vergilii,* 17, Virgile doit avoir écrit, à plusieurs reprises, à la porte du palais impérial, les mots : *Sic vos, non vobis.*

non pas dans ce qu'il est par rapport aux autres, mais bien dans ce qu'il est par rapport à lui-même. En vérité, qui a plus vécu que celui dont certains instants continuent à remplir de leur seul écho les siècles et leur tumulte ? — Oui, le parti le plus habile serait peut-être, pour un tel homme, s'il voulait vivre tranquille et exempt de tracasseries, de trouver uniquement sa jouissance dans ses idées et dans ses œuvres, et de léguer seulement au monde sa riche existence, dont la simple image, en quelque sorte l'ichnolithe, ne lui appartiendrait qu'après sa mort. (Voir Byron, *La Prophétie de Dante*, début du VIe chant).

De plus, la supériorité de l'homme de génie ne se limite pas à l'activité de ses meilleures forces. Mais, si un homme extraordinairement bien bâti, souple et agile, accomplit tous ses mouvements avec une facilité singulière et un sentiment de bien-être en éprouvant la satisfaction de l'activité à laquelle il est si particulièrement apte, qu'il exerce même souvent sans but ; si, non seulement comme danseur de corde ou solo, il exécute des bonds à nul autre pareils, mais encore dans les pas de danse plus aisés, accessibles également aux autres, dans la simple marche, révèle sa force élastique et son agilité rares — un esprit vraiment supérieur produira non seulement des idées et des œuvres que n'aurait pu produire aucun autre, et ne se bornera pas à cette preuve de sa grandeur ; la connaissance et la pensée étant sa vocation naturelle, il s'y complaira toujours, comprendra plus facilement, plus vite, mieux qu'eux, les choses moins importantes, accessibles aussi aux autres, et il ressentira une joie, immédiate et vive, pour toute connaissance acquise, tout problème résolu, toute idée ingénieuse, personnelle ou étrangère ; son esprit sera ainsi constamment actif, sans but défini, et pour lui une source toujours vive de connaissance ; de sorte que l'ennui, ce démon domestique des gens ordinaires, ne peut s'attaquer à lui. De plus, les chefs-d'œuvre des grands esprits antérieurs ou contemporains n'existent en réalité pleinement que pour lui. Un cerveau ordinaire, mauvais, jouit d'une grande œuvre intellectuelle, à lui recommandée, avec à peu près autant de plaisir qu'un podagre[1] à la perspective d'un bal ; l'un y va par convenance, l'autre lit l'œuvre recommandée pour ne pas être de reste. La Bruyère a dit très justement : « Tout l'esprit qui est au monde est inutile à celui qui n'en a point »[2]. — Les idées des gens spirituels, et même géniaux, sont à celles des gens ordinaires, même là où elles se rencontrent pour l'essentiel, ce que des tableaux peints avec des couleurs vives et ardentes sont à de simples esquisses ou à de faibles aquarelles. — Ainsi donc, tout cela constitue la récompense du génie, son dédommagement d'une existence solitaire dans un monde qui n'est pas celui qui lui convient. Comme toute grandeur est relative, cela revient au même si je dis : Gaius a été un grand homme, ou Gaius a été condamné à vivre seulement parmi des gens misérablement petits ; car Brobdingnag et Lilliput[3] ne diffèrent que par le point de départ. Si grand, par conséquent, si digne d'admiration, si intéressant paraisse à sa longue postérité l'auteur d'œuvres immortelles, et si petits, si pitoyables, si insupportables ont dû lui apparaître à lui, tandis qu'il vivait, les autres hommes. C'est ce que j'ai voulu exprimer quand j'ai dit que, si du pied de la tour au sommet il y a trois cents pieds, il y aura sûrement trois cents pieds aussi du sommet au pied[4].

On n'aurait donc pas dû s'étonner de trouver les

---

1. Podagre (terme vieilli) : « qui souffre de la goutte ». **2.** La Bruyère, *Caractères*, chapitre XI, « De l'homme ». **3.** Le pays des géants et le pays des nains dans *Les Voyages de Gulliver*, de Jonathan Swift (1726).

4. (F) Les grands esprits doivent pour cette raison quelque ménagement aux petits esprits : tout en effet étant relatif, ils ne sont de grands esprits que grâce à la petitesse des autres.

gens de génie le plus souvent insociables, parfois même rébarbatifs. Cela ne provient pas du manque d'amabilité ; mais leur marche à travers ce monde ressemble à celle d'un promeneur qui, par une belle matinée, contemple avec ravissement la nature dans toute sa fraîcheur et toute sa magnificence, mais doit se borner à elle ; car, en fait de société, il peut tout au plus trouver des paysans qui, courbés sur le sol, le labourent. Il advient souvent ainsi qu'un grand esprit préfère son propre monologue aux dialogues à tenir dans le monde. Se laisse-t-il aller une fois par hasard à ceux-ci, il peut se faire que leur insignifiance le rejette dans le monologue ; ou bien il oublie en effet son interlocuteur, ou bien, sans se préoccuper si celui-ci le comprend ou non, il lui parle comme l'enfant parle à sa poupée.

La modestie dans un grand esprit serait fort du goût des gens ; mais elle est malheureusement une *contradictio in adjecto* [1]. Il devrait en effet accorder la préférence sur les siennes aux idées, opinions et vues des autres, comme à leur manière d'être, de ces autres dont le nombre est légion, les leur subordonner et les y accommoder, ou même les supprimer complètement, pour laisser régner celles-ci. Alors il ne produirait rien, ou produirait ce que produit la masse vulgaire. Or, la vérité, c'est qu'il ne peut produire de choses grandes, réelles, extraordinaires, qu'en ne tenant aucun compte de la manière d'être, des idées et des vues de ses contemporains, en créant en paix ce qu'ils blâment, en méprisant ce qu'ils louent. Sans cette arrogance, il n'y a pas de grand homme. Même si sa vie et son activité se déroulent dans une époque qui ne peut ni le reconnaître ni l'apprécier, il n'en reste pas moins toujours lui-même, et ressemble alors à un voyageur distingué

---

1. Une contradiction dans l'adjectif.

forcé de passer la nuit dans une misérable auberge ; il reprend le lendemain sa route, enchanté.

En tout cas, un penseur ou un poète peut déjà être satisfait du temps où il vit, si celui-ci lui permet seulement de penser et travailler en paix dans son coin ; et il peut se féliciter de son bonheur, si ce temps lui accorde un coin où il est permis de se livrer à ses travaux sans avoir à se préoccuper d'autrui.

Que le cerveau soit en effet un simple travailleur au service du ventre, c'est le lot commun de presque tous ceux qui ne vivent pas du travail de leurs *mains*, et ils s'en trouvent très bien. Mais pour les têtes supérieures, c'est-à-dire pour celles dont les forces cérébrales dépassent la mesure exigée par le service de la volonté, c'est désespérant. Aussi un esprit de ce genre préférera-t-il, si cela est nécessaire, vivre dans la situation la plus modeste, si elle lui permet de consacrer son temps au développement et à l'emploi de ses forces, c'est-à-dire si elle lui accorde le loisir inappréciable pour lui. Il en va autrement des gens ordinaires, dont le loisir, sans valeur objective, n'est pas sans danger, même pour eux ; et ils semblent le sentir. La technique de notre temps, qui s'est élevée à une hauteur sans exemple et qui multiplie et accroît les objets de luxe, donne en effet aux favorisés de la fortune le choix entre plus de loisir et plus de culture intellectuelle, d'une part, et, d'autre part, grâce à un redoublement d'activité, entre plus de luxe et plus de bien-être ; ils choisissent en règle générale ce dernier, ce qui est caractéristique, et préfèrent le champagne au loisir. Cela est logique : tout effort intellectuel qui ne sert pas aux fins de la volonté est pour eux une folie, et c'est là une tendance qu'ils qualifient d'excentricité. D'après cela, la persistance en vue des fins de la volonté et du ventre serait la concentricité. La volonté n'est-elle pas le centre et même le noyau du monde !

En somme, pourtant, ces alternatives ne sont pas un

cas très fréquent. De même que la plupart des hommes ont juste l'argent nécessaire, et pas de superflu, ils n'ont pas non plus de surplus d'intelligence. Ils ont juste autant de celle-ci qu'il faut pour le service de leur volonté, c'est-à-dire pour la poursuite de leur gain. Cela fait, ils sont heureux de pouvoir badauder, de se livrer à des jouissances sensuelles ou à des jeux enfantins, les cartes, les dés ; ou encore ils tiennent entre eux les plus plates conversations, s'attifent et se font des révérences. Ceux qui ont un tout petit excédent de forces intellectuelles sont déjà rares ; et de même que ceux qui ont un tout petit excédent d'argent s'accordent des plaisirs, ceux-là s'accordent un plaisir intellectuel. Ils se livrent à des études libérales qui ne rapportent rien, ou à un art, et sont déjà capables d'un intérêt *objectif* d'une espèce quelconque ; aussi peut-on converser avec eux. Il est préférable, au contraire, de ne pas entrer en relations avec les autres : car, excepté les cas où ils parlent de leurs expériences, des choses de leur métier, ou rapportent ce qu'ils ont appris d'un autre, ce qu'ils disent ne vaudra pas la peine qu'on l'écoute ; ils comprendront rarement bien ce qu'on leur dit à eux, et cela contrariera le plus souvent leurs vues. Aussi Balthazar Gracián les qualifie-t-il très pertinemment d'*hombres que no lo son*[1], et Giordano Bruno les traite de même : *Quanta differenza sia di contrattare e ritrovarsi tra gli uomini, e tra color, che son fatti ad imagine e similitudine di quelli*[2] (*Della causa*, dialogue 1er, édit. Wagner, t. I, p. 224). Ces derniers mots concordent merveilleusement avec l'affirmation du *Koural* : « Les gens vulgaires ont l'apparence d'hommes ; je n'ai jamais rien vu qui ressemble

---

1. « Hommes qui ne le sont pas. » **2.** « Quelle différence d'avoir à faire ou de se trouver parmi les hommes ou parmi ceux qui sont faits à l'image et à la ressemblance de ceux-ci ! » Schopenhauer cite l'édition Wagner.

plus qu'eux à ceux-ci[1]. » — Pour répondre aux besoins d'un entretien divertissant et pour combler le vide de la solitude, je recommande au contraire les chiens, dont les qualités morales et intellectuelles vous apporteront presque toujours joie et satisfaction.

En attendant, il faut nous garder en tout d'être injustes. De même que souvent l'intelligence et parfois aussi la sottise de mon chien ont provoqué mon étonnement, j'ai éprouvé le même sentiment à l'égard de l'espèce humaine. Des milliers de fois son incapacité, son manque total de jugement et sa bestialité ont soulevé ma colère, et j'ai dû m'associer au profond soupir du poète ancien :

Humani generis mater nutrixque profecto
Stultitia est[2].

Mais, à d'autres moments, je me suis étonné comment, chez une telle race, ont pu naître tant de

---

1. Le *Koural* de Tiruvallouver a été traduit en allemand par Graul ; voir tome III, p. 140. Mot sanscrit qui signifie *morale*, le *Koural* est le poème le plus populaire du sud de l'Inde : il résume les doctrines et les principes de la religion nationale, les règles de conduite applicables aux diverses circonstances de la vie. C'est un « traité des devoirs », qui a été traduit en français par E. Lamairesse, en 1867.

(F) Si l'on songe à l'étroite concordance de l'idée et même de l'expression, chez les peuples si éloignés les uns des autres par l'espace et par le temps, on ne peut mettre en doute que cette idée et cette expression ne soient sorties de l'objet même. Pour ma part, je n'étais certainement pas sous l'influence des passages cités, dont l'un n'était pas encore imprimé et dont l'autre n'était pas repassé sous mes yeux depuis douze ans, quand l'idée me vint, voilà une vingtaine d'années, de me commander une tabatière dont le couvercle, autant que possible en mosaïque, devait représenter deux beaux gros marrons, avec une feuille indiquant que c'étaient des marrons d'Inde. Ce symbole était destiné à me rappeler à chaque moment l'idée mentionnée ici.

2. « La mère et la nourrice du genre humain, c'est assurément la sottise. »

beaux arts, tant de sciences utiles, quoique provenant toujours des individualités, des exceptions ; comment les uns et les autres ont pu prendre racine, se maintenir et se perfectionner, et comment cette même race a fidèlement conservé et préservé de la destruction pendant deux ou trois mille ans, en les transcrivant et en les sauvegardant, les œuvres des grands esprits, Homère, Platon, Horace, etc., et cela au milieu de toutes les désolations et de toutes les horreurs de son histoire : preuve qu'elle reconnaissait la valeur de ces œuvres. Je me suis étonné également de certains travaux spéciaux, parfois aussi de traits d'esprit ou de jugement comme inspirés chez des gens qui font partie de la masse, voire chez celle-ci même, qui, lorsque son chœur est nombreux et complet, juge d'ordinaire très sagement ; c'est ainsi qu'un ensemble de voix même inexpérimentées, pourvu qu'elles soient très nombreuses, produit toujours un effet harmonique. Ceux qui dépassent la mesure, et qu'on qualifie de génies, sont simplement les *lucida intervalla* de l'espèce humaine tout entière. Ils accomplissent en conséquence ce qui est complètement interdit aux autres. Leur originalité est donc par là même si grande, que non seulement leur diversité saute aux yeux des autres hommes ; mais même l'individualité de chacun d'entre eux a une si forte empreinte qu'entre tous les génies ayant existé il y a une différence complète de caractère et de facultés, en conséquence de laquelle chacun a fait au monde, par ses œuvres, un présent que celui-ci n'aurait jamais pu recevoir d'aucun autre génie. Aussi le mot de l'Arioste : *Natura lo fece, e poi ruppe lo stampo* [1] , est-il à bon droit célèbre, tant il est frappant. 57

Par suite de la mesure finie des forces humaines, tout grand génie n'est tel qu'à la condition d'avoir, même intellectuellement, un côté réellement faible, une

---

1. « La nature le fit, puis brisa le moule. »

partie dans laquelle il est parfois même inférieur aux têtes médiocres. Cette partie sera *celle* qui aurait pu faire obstacle à sa faculté saillante ; mais il sera toujours malaisé de l'indiquer d'un *seul* mot, même pour un individu donné. Il est plus facile d'exprimer la chose indirectement. Le côté faible de Platon, par exemple, est précisément celui où Aristote est fort, et *vice versa*. Le côté faible de Kant est celui où Goethe est grand, et vice-versa. 58

Les hommes *vénèrent* volontiers n'importe quoi. Mais leur adoration frappe le plus souvent à la fausse porte, jusqu'à ce que la postérité vienne la mettre sur la bonne voie. Une fois que c'est arrivé, l'adoration que la masse cultivée voue au génie dégénère aisément en inepte culte des reliques, absolument comme celui que les croyants consacrent à leurs saints. Des milliers de chrétiens vénèrent les reliques d'un saint dont la vie et la doctrine leur sont inconnues ; de même, la religion de milliers de bouddhistes consiste beaucoup plus dans l'adoration de la dent sacrée (*dalada*) ou d'autres reliques (*dhatu*)[1] — telles que la dagoba (*stupa*)[2] qui les renferme, ou la sainte patra[3], ou la trace du pied pétrifié, ou l'arbre sacré semé par Bouddha[4] — que dans la connaissance approfondie et la fidèle pratique de son haut enseignement ; de même la maison de Pétrarque à Arqua, la prison supposée du Tasse à Ferrare, la maison de Shakespeare, avec sa chaise, à Stratford, la maison et les meubles de Gœthe à Weimar, le vieux chapeau de Kant, sans oublier les autographes respectifs, sont les objets d'une curiosité admirative, badaude, de la part de nombreuses gens qui n'ont jamais lu les œuvres de ces grands hommes. Ces gens-là ne peuvent rien faire d'autre que de badauder. Chez

---

1. (F) Voir Spence Hardy, *Eastern Monachism*, Londres, 1850, pp. 216 et 224.

2. Temple. **3.** Coupelle de culte. **4.** Cf. Spence Hardy, *Manual of Buddhism*, Londres, 1853, p. 351.

ceux qui sont plus intelligents, se tient en eux un désir profond de voir les objets qu'un grand esprit a souvent eus sous les yeux, parce qu'ils se flattent de l'étrange illusion qu'avec l'objet ils font en même temps revenir le sujet, ou bien que quelque chose de celui-ci doit rester attaché à celui-là. Au nombre de ceux-ci s'apparentent ceux qui recherchent avec zèle et s'efforcent de connaître à fond la *matière des œuvres poétiques*, par exemple la légende de Faust et sa littérature, puis les circonstances et les événements personnels réels de la vie du poète qui ont donné *lieu* à son œuvre : ils ressemblent à celui qui, voyant un beau décor au théâtre, se hâte d'aller examiner sur la scène les tréteaux en bois qui le supportent. Les investigateurs critiques nous donnent aujourd'hui assez d'exemples sur Faust et sa légende, sur Frédérique de Sesenheim, sur la Marguerite de la Weiszadlergasse (rue de l'Aigle-Blanc), sur la famille de la Charlotte de Werther, etc. Ils confirment cette vérité, que les hommes ne s'intéressent pas à la forme, c'est-à-dire au traitement et à l'interprétation, mais seulement au contenu : ils sont amateurs de contenu. Quant à ceux qui, au lieu d'étudier les *concepts* d'un philosophe, s'initient à l'histoire de sa vie, ils ressemblent aux gens qui négligent un tableau pour son cadre, dont ils examinent longuement la sculpture de bon goût et la valeur de la dorure.

Jusqu'ici, cela peut aller. Mais il y a encore une classe de gens qui ont également en vue ce qui est matériel et personnel, et qui poussent l'investigation, dans cette voie, jusqu'à la complète bassesse. Pour remercier un grand esprit de leur avoir ouvert ses trésors intérieurs et d'avoir enfanté, au prix de la tension la plus extrême de ses forces, des œuvres de nature à les éclairer et à les ennoblir, eux et leur postérité, jusqu'à la dixième, à la vingtième génération ; pour le remercier d'avoir fait à l'humanité un présent sans pareil, ces drôles se croient autorisés à traduire sa personne morale devant leur tribunal, pour voir s'ils ne découvriront pas en lui une tare quelconque, afin d'atténuer la rage que, « dans le sentiment accablant de leur nullité »[1], ils éprouvent à l'aspect d'un esprit supérieur. Telle est la source, par exemple, des recherches sans fin, consignées dans les livres et les journaux, sur la vie de Goethe du point de vue moral : ainsi, n'aurait-il pas dû épouser telle jeune fille avec laquelle, dans sa jeunesse, il eut une amourette ? Au lieu de se contenter de servir loyalement son maître, n'aurait-il pas dû plonger dans le peuple, agir en patriote allemand, digne d'occuper un siège dans la Paulskirche[2] ? Et ainsi de suite. — L'injustice criante et la soif de détraction perfide de ces juges sans mandat témoignent qu'ils sont des drôles au point de vue moral comme au point de vue intellectuel : ce qui n'est pas peu dire. 59

Le *talent* travaille pour l'argent et pour la gloire ; par contre, le mobile qui pousse le *génie* à l'élaboration de ses œuvres n'est pas si facile à indiquer. L'argent est rarement son partage ; la gloire non plus : seuls les Français peuvent le croire. La gloire est une chose trop incertaine, et, examinée de près, de trop mince valeur :

Responsura tuo nunquam est par fama labori[3].

Ce n'est pas non plus précisément la satisfaction personnelle : car celle-ci est presque contrebalancée par la fatigue de l'effort. C'est plutôt un instinct tout particulier, qui pousse l'individu génial à exprimer ce qu'il voit et ce qu'il sent en œuvres durables, sans avoir besoin pour cela d'être conscient d'un autre motif. En somme, la chose se produit en vertu de la

---

1. D'après Schiller, *Don Carlos*, 2, 1. **2.** L'église de Francfort-sur-le-Main où siégea le Parlement national allemand, à partir du 18 mai 1848 jusqu'au 30 mai 1849. **3.** « Ton renom ne répondra jamais également à ton labeur. » Cf. Horace, *Saturae*, 2, 8, 66.

même nécessité qui force l'arbre à donner ses fruits, et n'exige du dehors qu'un sol sur lequel l'individu puisse prospérer. Vu de plus près c'est comme si, chez tel individu, la volonté de vivre en tant qu'esprit de l'espèce prenait ici conscience d'avoir, par un pur hasard, acquis, pour une courte durée, une plus grande clarté de l'intelligence et maintenant tentait d'obtenir au moins les résultats ou les produits de cette vision et de cette pensée claires au profit de l'espèce entière, qui est aussi l'essence la plus intime de cet individu, afin que la lumière qui en émane puisse pénétrer plus tard de ses rayons bienfaisants l'obscurité et la lourdeur de la conscience humaine ordinaire. C'est de là, ensuite, que la source de cet instinct pousse le génie — sans préoccupation de la récompense, des applaudissements ou de la sympathie, et plutôt même en négligeant le souci de son bien-être personnel — à accomplir son œuvre dans la solitude au prix du plus grand effort, en songeant plus à la postérité qu'aux contemporains qui ne pourraient que l'égarer ; ceux-ci en effet sont une grande partie de l'espèce, tandis que, dans le cours du temps, les quelques personnes capables de juger s'avancent une à une. En attendant, le génie peut ordinairement faire sienne la plainte que Goethe met dans la bouche de son artiste :

Il m'a malheureusement manqué
Un prince qui appréciât les talents,
Un ami qui se complût avec moi ;
Au couvent je trouvai de sots protecteurs :
C'est ainsi que je me suis torturé assidûment,
Sans connaisseurs et sans élèves[1].

---

1. Il s'agit du poème intitulé *Apothéose d'artiste, Künstlers Apotheose : Ein Freund, der sich mit mir ergetzte, /Ein Fürst, der die Talente schlätzte, /Die haben leider mir gefehlt ; /Im Kloster fand ich dumpfe Gönner : /So hab'ich, emsig, ohne Kenner /Und ohne Schüler mich gequält.*

Léguer à la postérité son œuvre comme un dépôt sacré et le fruit réel de son existence, en la soumettant à un juge meilleur que les contemporains, tel sera alors le but qu'il se proposera : but qui dépasse tous les autres et pour lequel il porte la couronne d'épines qui s'épanouira un jour en couronne de lauriers. Son effort se concentre sur l'accomplissement et la sauvegarde de son œuvre aussi énergiquement que, sous sa dernière forme, celui de l'insecte, sur la sécurité de ses œufs et la préoccupation de sa couvée qu'il ne voit jamais éclore : il dépose ses œufs là où il sait de toute certitude qu'ils trouveront vie et nourriture, et meurt satisfait. 60

[Appendice][1]

A. L'échec de la philosophie jusqu'à nos jours répond à une nécessité et, par conséquent, est explicable du fait qu'au lieu de se restreindre à la compréhension approfondie du monde donné elle vise directement au-delà, et cherche à découvrir les raisons ultimes de toute existence, les relations éternelles que notre intellect est incapable de penser car sa portée est tout juste bonne pour ce que tous les philosophes ont appelé les « choses dernières », bref : les formes fugaces de ce monde et ce qui sert à notre personne, à nos finalités et à notre conservation : il est immanent. De ce fait, sa philosophie doit aussi être immanente, ne pas s'élever aux choses surnaturelles, mais se limiter à comprendre de fond en comble le monde donné : il donne assez matière à cela.

B. S'il en est ainsi, nous avons avec notre intellect un bien pauvre présent de la nature : s'il sert juste à saisir les relations qui concernent notre pitoyable existence individuelle et ne perdurent que juste le temps

1. L'Appendice manque dans la traduction de Dietrich.

de notre existence temporelle, contre le fait que ce qui est seul valable est ce qui intéresse un être pensant — c'est-à-dire l'explication de notre existence en général et l'interprétation des relations du monde dans leur totalité, bref : la solution de l'énigme de ce rêve de la vie — si tout cela n'entre pas du tout en lui et, alors même qu'il le lui est exposé, s'il n'est pas capable de le saisir — dans ce cas, je trouve que l'intellect ne mérite pas qu'on le perfectionne ni qu'on se préoccupe de lui : il est une chose qui ne mérite pas qu'on se penche sur elle.

A. Mon ami, si nous nous querellons avec la nature, nous nous tenons généralement dans notre tort. Réfléchis : *Natura nihil facit frustra nec supervacaneum (et nihil largitur)* [1]. Nous ne sommes rien que des êtres temporels, finis, éphémères, de l'ordre du rêve, des êtres s'envolant à tire-d'aile comme des ombres ; que devrait donc faire un tel intellect qui saisirait des relations absolues, infinies, éternelles ? Et comment un tel intellect devrait-il abandonner à nouveau ces relations pour se tourner vers les petites relations de notre éphémère existence, qui sont pour nous les seules qui soient réelles, qui nous touchent réellement, et, de plus, comment devrait-il convenir à celles-ci ? A travers l'attribution d'un tel intellect, la nature n'aurait pas seulement fait quelque chose *frustra* [2], mais avec nous elle aurait encore directement contrecarré son action propre. En effet, conviendrait-il, selon ce que dit Shakespeare :

... we fools of nature,
So horridly to shake our disposition,
With thoughts beyond the reaches of our souls ? — [3]

---

1. « La nature ne fait rien en vain ni rien de superflu (et elle n'est pas prodigue) », d'après Aristote, *De incessu animalium*, 2, 704 b 15. 2. En vain. 3. ... *Que nous, les fous de la nature, /Si épouvantablement nous nous agitions /Avec des pensées au-delà des limites de notre âme ? —* (*Hamlet*, Acte I, scène 4).

Une conception métaphysique si parfaite et si élaborée ne nous rendrait-elle pas ineptes en ce qui concerne toutes nos actions et aspirations physiques, peut-être nous plongerait-elle pour toujours dans une horreur stupéfiante comme celle que produit la vue d'un fantôme ?

B. Mais c'est une *petitio principii*[1], que tu fais là, à savoir que nous sommes des êtres temporels, éphémères, finis : nous sommes en même temps des êtres infinis, éternels, et même le principe originel de la nature ; c'est pourquoi il vaut la peine de chercher sans cesse « si finalement la nature ne s'approfondit pas elle-même »[2].

A. Selon ta métaphysique personnelle, nous ne sommes cela qu'en un certain sens, en tant que chose en soi, non pas en tant que phénomène, en tant que principe intime du monde, non pas en tant qu'individu, en tant que volonté de vivre, non pas en tant que sujet de la connaissance individuelle. Il n'est ici question que de notre nature intelligente, pas de la volonté, et, en tant qu'intelligences, nous sommes des êtres individuels et finis ; concurremment, notre intellect est aussi de cette sorte. Le but de notre vie (si je m'autorise une expression métaphorique) est un but pratique, et non théorique : notre action, non pas notre connaissance, appartient à l'éternité ; notre intellect existe pour conduire cette action et, en même temps, pour tendre un miroir à notre volonté, et il y réussit bien. Un peu plus l'en rendrait très probablement incapable : consi-

---

1. Pétition de principe : « Faute logique consistant à prendre pour accordée, sous une forme un peu différente, la thèse même qu'il s'agit de démontrer » (Lalande, *Vocabulaire de la philosophie*). **2.** Cf. Goethe, *À Monsieur le Ministre d'État von Voigt pour la fête du 27 septembre 1816.* C'est exactement la citation de Goethe que Schopenhauer a écrite en épigraphe au premier volume de son ouvrage, *Le Monde comme volonté et comme représentation.*

dérons donc le génie, ce petit superflu d'intellect, la carrière de l'individu qui en est doué peut être embarrassante et peut extérieurement le rendre malheureux, même si intérieurement elle peut le rendre heureux.

B. Tu fais bien de me rappeler le génie ! Il bouleverse en partie les faits que tu veux justifier : chez lui, la face théorique est anormalement prépondérante relativement à la face pratique. S'il ne peut non plus saisir les relations éternelles, il voit cependant plus profondément dans les choses de ce monde, *attamen est quadam prodire tenus*[1]. Et, sans aucun doute, cela fait que l'intellect déjà favorisé à cet égard est moins apte à saisir les relations finies, terrestres, et le rend comparable à un télescope dans un théâtre. Il semble que ce soit là le point sur lequel nous tombons d'accord et sur lequel notre réflexion commune s'arrête.

---

1. Cf. Horace, *Epistulae*, I, 1, 32, : « mais il est néanmoins encore légitime d'aller jusqu'aux limites ».

ESTHÉTIQUE ET MÉTAPHYSIQUE DU BEAU

[illegible] sur les idées [illegible] et sur leur corrélation, le sujet connaissant pur, [illegible] superflu d'y revenir une fois encore, [illegible] je ne considérais que c'est là une investigation [illegible]

[illegible]

ESTHÉTIQUE
ET
MÉTAPHYSIQUE DU BEAU[1]

Je me suis étendu assez longuement, dans mon œuvre principale, sur les idées (platoniciennes)[2] et sur leur corrélation, le sujet connaissant pur[3] ; aussi jugerais-je superflu d'y revenir une fois encore, si je ne considérais que c'est là une investigation qui, avant moi, n'a jamais été entreprise en ce sens. Il vaut donc

---

1. Nous suivons le texte allemand original publié dans Arthur Schopenhauer, *Parerga et Paralipomena* II, *Sämtliche Werke*, Band V, Suhrkamp Taschenbuch, Wissenschaft 665, Stuttgart / Frankfurt am Main, (1986), 1989, pp. 490-532. **2.** Voir *Le Monde comme volonté et comme représentation*, Livre Deuxième : « Le Monde considéré comme volonté. Premier point de vue : L'objectivation de la volonté », §.25 : « Unité de la volonté, malgré la pluralité de ses degrés et celle des individus qui la manifestent en chacun de ses degrés. Les *Idées* de Platon », pp. 172-175. *Op. cit.*, Livre Troisième : « Le Monde comme représentation. Second point de vue : La représentation considérée indépendamment du principe de raison. L'Idée platonicienne. L'objet de l'art », trad., pp. 219-344. **3.** MVR, III, §.34, trad., p. 231 : « lorsque enfin l'objet s'affranchit de toute relation avec ce qui n'est pas lui et le sujet, de toute relation avec la volonté ; alors, ce qui est ainsi connu, ce n'est plus la chose particulière en tant que particulière, c'est l'Idée, la forme éternelle, l'objectité immédiate de la volonté ; [...] celui qui est ravi dans cette contemplation n'est plus un individu (car l'individu s'est anéanti dans cette contemplation même), c'est le sujet connaissant pur, affranchi de la volonté, de la douleur et du temps. » Cf. MVR, Supplément au Livre Troisième, ch. XXX, trad., pp. 1093-1103.

mieux ne rien omettre qui pourrait un jour être utile comme moyen d'élucidation. Je présuppose naturellement que l'on connaît déjà mes théories antérieures.

Le problème de la métaphysique du Beau se pose en ces termes très simples : comment est-il possible de prendre plaisir à un objet, sans que celui-ci ait quelque rapport avec notre volonté ?

Chacun sent que la joie et la satisfaction produites par une chose ne peuvent résulter que du rapport de celle-ci avec notre volonté, ou, suivant l'expression favorite, avec nos finalités ; de sorte qu'une joie sans excitation de la volonté semble une contradiction. Cependant le Beau excite manifestement, comme tel, notre satisfaction et notre joie, sans avoir aucun rapport avec nos fins personnelles, c'est-à-dire avec notre volonté.

Ma solution a été que, dans le Beau, nous saisissons toujours les formes essentielles et primordiales de la nature tant animée qu'inanimée, en d'autres termes, les idées de Platon à son sujet, et que cette prise de possession a pour condition sa corrélation essentielle, le *sujet connaissant affranchi de la volonté*, c'est-à-dire une pure intelligence sans desseins ni fins. De cette façon, à l'entrée d'une prise de possession esthétique, la volonté disparaît entièrement de la conscience ; mais elle seule est la source de nos chagrins et de nos souffrances. C'est l'origine de cette satisfaction et de cette joie qui accompagnent la prise de possession du Beau. Elle repose donc sur l'éloignement de toute possibilité de la souffrance [1]. — Si l'on objectait qu'en même temps la possibilité de la joie pourrait être supprimée, on devrait se rappeler,

1. MVR, Livre Quatrième : « Le Monde comme volonté. Second point de vue : Arrivant à se connaître elle- même, la volonté de vivre s'affirme, puis se nie », §. 57, trad., p. 394 : « Or tout vouloir a pour principe un besoin, un manque, donc une douleur ; c'est par nature, nécessairement, qu'ils doivent devenir la proie de la douleur. » *Ibid.*, trad., p. 395 : « Pour la plupart, la vie n'est qu'un combat perpétuel pour l'existence même, avec la certitude d'être enfin vaincus. »

comme je l'ai souvent exposé, que le bonheur, la satisfaction sont de nature *négative*, simplement la fin d'une souffrance, tandis que la douleur est positive [1]. Aussi, quand toute volonté disparaît de la conscience, voit-on subsister l'état de joie, c'est-à-dire d'absence de toute douleur et même sa possibilité, car l'individu, transformé en un sujet connaissant pur, et non plus un sujet de volonté, reste néanmoins conscient de lui-même et de son activité comme tel. Nous le savons : le monde comme volonté est le premier (*ordine prior*), et le monde comme représentation le second (*ordine posterior*). Le premier est le monde de l'aspiration, et par conséquent de la douleur, du mal infini. Le second, au contraire, est en lui-même essentiellement exempt de douleur ; il renferme en outre un spectacle qui vaut d'être vu, toujours et partout significatif, tout au moins amusant. C'est à en jouir que consiste la joie esthétique [2]. — Devenir pur sujet connaissant, c'est se détacher de soi-même [3]. Mais la plupart des hommes ne pouvant le faire, ils sont en règle générale incapables de la conception purement

---

1. Schopenhauer confirme son parti pris de l'inversion des valeurs : « Celui qui part de l'idée préconçue que le concept de *droit* doit être un concept positif, et qui, ensuite, entreprend de le définir n'aboutira à rien ; car il veut saisir une ombre, poursuit un spectre, entreprend la recherche d'un non-être. Le concept de *droit*, comme celui de la liberté, est *négatif* ; son contenu est une pure négation. C'est le concept de *tort* qui est positif » (Schopenhauer, *Éthique et politique*, Paris, Librairie Générale Française, 1996, Classiques de la philosophie, Le Livre Poche, p. 78). De même qu'il affirme que la justice est douée d'une valeur négative et l'injustice, d'une valeur positive, de même ici le malheur est présenté comme positif et le bonheur comme négatif.

2. F. La satisfaction parfaite, l'apaisement final, l'état vraiment désirable ne se représentent jamais à nous qu'en image, dans l'œuvre d'art, la poésie, la musique. On pourrait acquérir par là la certitude que l'art doit pourtant exister quelque part.

3. F. Le sujet connaissant pur apparaît, quand on s'oublie soi-même pour s'absorber dans les objets perçus, de telle sorte qu'eux seuls restent dans la conscience.

objective des choses, qui constitue le don de l'artiste[1]. 205

Si cependant la volonté individuelle abandonne pour un temps la faculté de représentation qu'elle possède par surcroît ; si elle dispense un jour complètement du service en vue duquel elle a pris naissance et existe, délaissant ainsi pour l'instant sa préoccupation de la volonté, ou de sa propre personne, qui forme seule son thème naturel et en conséquence son occupation régulière, mais sans cesser néanmoins d'agir énergiquement et de bien saisir ce qui est perceptible, elle devient alors complètement *objective* ; c'est-à-dire qu'elle devient un fidèle miroir des objets, ou, plus exactement, le médium de l'objectivation de la volonté se représentant dans chaque objet, et dont la nature intime se manifeste alors d'autant plus en elle, que la perception dure plus longtemps et finit par l'épuiser totalement. De cette façon seule naît avec le pur sujet le pur objet c'est-à-dire en règle générale la manifestation parfaite de la volonté apparaissant dans l'objet perçu : or, c'est là précisément l'*Idée* (platonicienne) de celui-ci. Mais cette conception exige qu'en contemplant un objet je fasse réellement abstraction de sa place dans le temps et dans l'espace, et, en conséquence, de son individualité. Car c'est cette *place*, toujours déterminée par la loi de la causalité, qui me met, comme individu, en relation avec ledit objet ; aussi, en supprimant simplement cette place, l'objet devient-il *idée*, et je deviens en même temps sujet connaissant pur. C'est pourquoi un tableau, par cela seul qu'il fixe à jamais le moment fugitif et l'arrache ainsi du temps, nous donne non l'individuel, mais l'*idée*, ce qui dure à travers tout changement. Or, la condition de cette

---

1. Schopenhauer continue, pour ainsi dire, la dissertation précédente dans celle-ci, puisque le génie a cette faculté spécifique de se détacher de soi-même dans la contemplation pure et simple.

modification postulée dans le sujet-objet, ce n'est pas seulement que la faculté connaissante soit délivrée de la servitude originelle et abandonnée entièrement à elle-même ; il faut aussi qu'elle demeure active avec toute son énergie, bien que dépourvue maintenant de l'aiguillon naturel de son activité, l'impulsion de la volonté. Ici gît la difficulté, et en elle la rareté de la chose, parce que tous nos pensers et tous nos actes, notre ouïe et notre vue sont toujours par leur nature, directement ou indirectement, au service de nos innombrables finalités personnelles, grandes ou petites, et c'est en conséquence la *volonté* qui éperonne la faculté connaissante à l'accomplissement de sa fonction ; faute de cette incitation, elle se fatigue immédiatement. La connaissance mise en activité de cette façon suffit le plus parfaitement dans la vie pratique, et même pour les sciences spéciales, qui sont toujours dirigées vers les *relations* des choses et jamais vers leur nature intime ; aussi toutes leurs connaissances procèdent-elles du principe de raison, cet élément des relations. Partout donc où il s'agit de connaître la cause et l'effet, ou d'autres raisons ou conséquences, c'est-à-dire dans toutes les branches de l'histoire naturelle et des mathématiques, comme aussi de l'histoire, des inventions, etc., la connaissance cherchée doit être une *fin de la volonté*, et plus vigoureusement celle-ci y aspire, plus tôt elle est atteinte. De même, dans les affaires d'Etat, dans la guerre, la finance, le commerce, les intrigues en tout genre, etc., la *volonté* doit avant tout contraindre l'intellect, par l'intensité de ses exigences, à déployer toutes ses forces pour suivre exactement, dans le cas donné, toutes les raisons et conséquences. C'est chose étonnante, en effet, de constater combien l'aiguillon de la volonté peut pousser tel intellect au-delà de la mesure habituelle de ses forces. Il faut donc, pour toutes les manifestations remarquables en ces matières, non seulement un bon cerveau, mais aussi une volonté énergique qui incite celui-ci et lui imprime l'activité laborieuse et infatigable sans laquelle ces manifestations sont impossibles.

Il en est tout autrement dans la conception de l'essence objective et primordiale des choses, essence qui constitue leur idée (platonicienne) et doit se trouver à la base de toute production des beaux-arts [1]. La volonté qui, là, était si nécessaire et même indispensable, ne doit jouer ici aucun rôle [2] ; car ici ce qui importe c'est uniquement ce que l'intellect accomplit tout seul, par ses propres moyens, et offre en don volontaire. Ici tout doit se faire de soi-même : la connaissance doit être active sans dessein, et conséquemment sans volonté. Car c'est seulement dans l'état de *connaissance pure*, où l'homme est dépouillé de sa volonté et des fins de celle-ci, et avec elle de sa propre individualité, que peut naître cette perception objective dans laquelle sont conçues les idées (platoniciennes) des choses. Mais une idée doit toujours présider à la conception, c'est-à-dire à la première connaissance instinctive constituant ensuite la véritable matière et le noyau, en quelque sorte l'âme d'une œuvre d'art digne de ce nom, d'un poème, voire d'une vraie philosophie. Le caractère non prémédité, non intentionnel, en partie même inconscient et instinctif, que l'on a observé de tout temps dans les œuvres du *génie*, est justement la conséquence du fait que la connaissance artistique primordiale est absolument séparée et indépendante de la volonté,

---

1. MVR, III, §. 36, trad., p. 239 : « Ce mode de connaissance, c'est l'art, c'est l'œuvre du génie. L'art reproduit les idées éternelles qu'il a conçues par le moyen de la contemplation pure, c'est-à-dire l'essentiel et le permanent de tous les phénomènes du monde ; d'ailleurs, selon la matière qu'il emploie pour cette reproduction, il prend le nom d'art plastique, de poésie ou de musique. »
2. *Ibid.*, p. 242-243 : « chez l'homme de génie, la faculté de connaître, grâce à son hypertrophie, se soustrait pour quelque temps au service de la volonté ».

absolument affranchie d'elle. Et précisément parce que la volonté est l'homme véritable, on attribue cette connaissance à un être distinct de lui, à un génie. Une connaissance de ce genre n'a pas non plus, comme je l'ai souvent expliqué, le principe de raison[1] pour fil conducteur, et elle est sous ce rapport l'antithèse de la première. — En vertu de son objectivité, le génie perçoit par la *réflexion* tout ce que les autres ne voient pas. C'est ce qui lui permet de décrire si nettement et si vivement la nature comme poète, ou de la représenter comme peintre.

Par contre, dans l'*exécution* de l'œuvre, dont le but est de communiquer et de représenter ce qui est ainsi reconnu, la *volonté*, par cela même qu'un *but* existe, peut et doit rentrer en activité : ici règne donc aussi le principe de raison, en conformité duquel les moyens artistiques sont subordonnés aux fins artistiques. Ainsi le peintre se préoccupe de la correction du dessin et du traitement des couleurs, le poète de l'arrangement de son plan, puis de l'expression et du mètre.

Mais l'intellect étant né de la volonté, il se présente objectivement en qualité de cerveau, comme une partie du corps, qui est l'objectivation de cette volonté. L'intellect étant originairement destiné au service de la volonté, son activité naturelle à son égard est de l'espèce décrite antérieurement. Il demeure fidèle à cette forme naturelle de ces connaissances, exprimée par le principe de raison, et il est mis et maintenu en activité par la volonté, l'élément primordial dans l'homme. Au contraire, la connaissance de la seconde espèce est pour lui une activité non naturelle et abusive ; elle est conditionnée, en conséquence, par une prépondérance

1. Le principe de raison détermine la connaissance au service de la volonté. Cf. MVR, III, §. 33, p. 228 : « Nous n'avons donc, en tant qu'individu, aucune autre connaissance que celle qui est soumise au principe de raison ; d'ailleurs, cette forme exclut la connaissance des idées. »

absolument anormale, et partant très rare, de l'intellect et de son phénomène objectif, le cerveau, sur le reste de l'organisme et sur les exigences des fins de la volonté. C'est parce que cette prépondérance de l'intellect est anormale que les phénomènes qui en dérivent ressemblent parfois à de la folie.

Ainsi la connaissance, en ce cas, est déjà infidèle à son origine, la volonté. L'intellect, né purement pour le service de celle-ci, et qui y demeure attaché chez presque tous les humains dont l'existence consiste à se servir de lui et de ses produits, est abusivement mis en œuvre dans tous les arts *libéraux* comme dans toutes les sciences : et dans cette mise en œuvre on place les progrès et l'honneur de l'humanité. — Dans une autre voie, il peut même s'insurger contre la volonté, c'est ainsi que, dans les phénomènes de la sainteté, il la supprime.

D'ailleurs, cette conception purement objective du monde et des choses, qui réside, comme connaissance primordiale, au fond de toute idée artistique, poétique ou simplement philosophique, en vertu de motifs tant objectifs que subjectifs, n'est que passagère. En effet, d'une part, l'effort qu'elle exige ne peut être durable, et, d'autre part, le cours du monde ne permet pas que nous y restions des spectateurs passifs et indifférents, suivant la définition du philosophe donnée par Pythagore. Chacun de nous doit tenir sa partie dans le grand spectacle de marionnettes de la vie, et sent presque toujours le fil qui l'y rattache et le met en mouvement. 206

Quant au côté *objectif* d'une semblable vue esthétique, c'est-à-dire l'*Idée* (platonicienne), on peut dire que celle-ci est ce que nous aurions devant nous si le temps, cette condition formelle et subjective de notre connaissance, était écarté, comme le verre du kaléidoscope. Nous voyons, par exemple, le développement du bouton, de la fleur et du fruit, et nous nous étonnons de la force active et inlassable qui ne cesse de les produire continuellement. Cet étonnement cesserait si nous pouvions reconnaître que, dans tout ce changement, nous avons seulement l'idée unique et inaltérable de la plante, que nous sommes incapables de distinguer comme une unité de bouton, de fleur et de fruit, mais que nous devons reconnaître par le moyen de la forme du *temps*, grâce auquel l'idée dans chacun des états successifs est explicitée à notre intellect. 207

Si l'on considère que la poésie, aussi bien que les arts plastiques, prennent invariablement comme thème un *individu*, pour le représenter, de la façon la plus exacte, avec toutes ses particularités, et cela jusqu'aux plus insignifiantes ; et si l'on se reporte ensuite aux sciences, qui travaillent au moyen des *concepts*, dont chacune embrasse des individus sans nombre, en déterminant et en indiquant une fois pour toutes les particularités du genre entier, la culture de l'art pourrait nous apparaître comme futile, mesquine, presque puérile. Mais l'essence de l'art implique qu'*un* cas unique en vaut mille [1], puisque ce qu'il vise par cette représentation soigneuse et détaillée de l'individu, c'est la représentation de l'*idée* de son espèce. Ainsi, par exemple, un événement, une scène de la vie humaine, décrit attentivement et au complet, par conséquent avec la représentation exacte des individus qui s'y trouvent mêlés, porte à notre connaissance, d'une façon claire et profonde, l'idée de l'humanité elle-même, envisagée sous n'importe quel rapport. De même, en effet, que le botaniste cueille une simple fleur parmi la richesse infinie du monde végétal, puis la dissèque pour nous démontrer la nature de la plante elle-même, ainsi le poète emprunte à la confusion inouïe de la vie humaine, emportée par un mouvement incessant, une scène unique, souvent même un simple état d'âme, un

---

1. Cf. Goethe, *Materialien zur Geschichte der Farbenlehre, Galilei.*

simple sentiment, pour nous montrer avec leur aide ce qu'est la vie et l'essence de l'homme. Pour cette raison nous voyons les plus grands esprits — Shakespeare[1] et Goethe[2], Raphaël[3] et Rembrandt — ne pas juger indigne d'eux de nous représenter et de faire vivre devant nous dans toutes ses particularités, jusqu'aux plus petites, avec l'exactitude la plus parfaite et le plus grand soin, un individu qui n'a même rien de remarquable. Le particulier et l'unique ne peuvent être saisis que par l'intuition, c'est pourquoi j'ai défini la poésie — l'art de mettre l'imagination en jeu à l'aide des mots.

Si l'on désire sentir immédiatement la supériorité de la connaissance intuitive, comme étant la première et la fondamentale, sur la connaissance abstraite, et constater ainsi combien l'art est plus révélateur que toute science, on n'a qu'à contempler, soit dans la nature, soit par l'intermédiaire de l'art, un beau visage humain plein d'expression. Combien il nous fait pénétrer plus profondément dans l'essence de l'homme, et même de la nature, que ne le font tous les mots et toutes les abstractions que ceux-ci désignent ! — Remarquons en passant que ce qu'un rayon de soleil perçant soudainement les nuages est pour un beau paysage, le rire qui s'y épanouit l'est pour un beau visage. Donc, *ridete, puellæ, ridete* ![4] 208

---

1. Souvent cité par Schopenhauer, William Shakespeare (1564-1616) fut à la fois acteur et auteur dramatique ; son œuvre dramatique comprend trente-huit pièces, ainsi que de la poésie non dramatique. **2.** L'écrivain allemand Johann Wolfgang Goethe (1749-1832) est également fréquemment cité par Schopenhauer : il lut Shakespeare pour se délivrer du goût français. Son roman *Werther* marqua un tournant dans l'histoire de la sensibilité européenne. **3.** Le peintre italien Raphaël (1483-1520) entra vers 1499 dans l'atelier du Pérugin à Pérouse et reçut ses premières commandes dès 1500. **4.** « Riez, jeunes filles, riez ! ». Cf. Martial, *Epigrammata*, 2, 41 : « *Ride, si sapis, o puella, ride !* » — « Ris, si tu es sensée, jeune fille, ris ! »

Ce qui fait cependant qu'*une image* nous amène plus facilement qu'une chose réelle à la conception d'une idée (platonicienne), c'est-à-dire ce qui rapproche plus l'image de l'idée que ne le fait la réalité, c'est, en règle générale, que l'œuvre d'art est un objet qui a déjà passé par un sujet et, par conséquent, elle est pour l'esprit ce qu'est pour le corps la nourriture animale, les végétaux déjà assimilés. Tout bien considéré, la cause en est que l'œuvre d'art plastique ne nous montre pas, comme le fait la réalité, une chose qui n'existe qu'une seule et unique fois, la combinaison de *telle* matière avec *telle* forme, combinaison qui constitue précisément le concret, l'individuel ; mais elle nous montre la *forme* seule qui, donnée complètement et de tous les côtés, serait l'idée elle-même. L'image nous conduit donc directement de l'individu à la forme pure. Cette séparation de la forme d'avec la matière la rapproche déjà beaucoup de l'idée. Toute image, qu'elle soit peinture ou statue, constitue une séparation semblable. Aussi cette séparation, cette division de la forme d'avec la matière prend-elle le caractère de l'œuvre esthétique, parce que son objet est de nous amener à la connaissance d'une *Idée* (platonicienne). Il est donc *essentiel* pour l'œuvre d'art de donner la forme seule, sans la matière, et cela ouvertement et nettement. Voilà pourquoi les figures de cire ne produisent pas d'impression esthétique et ne sont pas des œuvres d'art (au sens esthétique) ; cependant, quand elles sont bien faites, elles produisent cent fois plus d'illusion que le meilleur tableau ou la meilleure statue ; en conséquence, si l'imitation illusoire du réel était le but de l'art, elles occuperaient le premier rang. Elles semblent donner non pas la forme seule, mais avec elle la matière, elles font naître ainsi l'illusion qu'on a devant soi la chose elle-même. Ainsi, à la différence de la véritable œuvre d'art, qui nous mène de ce qui n'existe qu'une *seule* et unique fois, l'individu, à ce qui existe constamment et en quantités infinies, la forme pure, ou l'idée, la figure de cire nous donne l'individu lui-même, c'est-à-dire ce qui n'existe qu'une *seule* et unique fois, mais sans ce qui prête de la valeur à cette existence passagère : sans la vie. Aussi la figure de cire provoque-t-elle l'effroi, comme un cadavre rigide.

On pourrait penser que la statue donne la forme sans la matière, et que la peinture donne la matière, en tant que, par la couleur, elle imite celle-ci et sa composition. Mais ce serait là concevoir la forme au sens purement géométrique, et ce n'est pas de cela qu'il s'agit ici ; en effet, au sens philosophique, la forme est l'opposé de la matière, elle embrasse conséquemment couleur, surface, texture, en un mot : toute qualité. Sans doute, la statue donne seule la pure forme géométrique, en la représentant à l'aide d'une matière manifestement étrangère, le marbre, par lequel elle isole nettement la forme. La peinture, d'autre part, ne présente aucune matière, mais simplement l'apparence de la forme, au sens philosophique indiqué plus haut, et non au sens géométrique. La peinture, dis-je, ne donne même pas cette forme, mais sa simple apparence, c'est-à-dire son action sur un sens, la vue, et cela sous un seul rapport. Aussi ne produit-elle pas vraiment l'illusion qu'on a devant soi la chose même, c'est-à-dire forme et matière ; la vérité illusoire du tableau est toujours subordonnée à certaines conditions de ce mode de représentation : par exemple, le tableau, par l'inévitable suppression de la parallaxe de nos deux yeux, montre toujours les choses comme les verrait une personne qui n'a qu'un œil. Ainsi, même la peinture donne seulement la *forme*, puisqu'elle ne représente que l'action de celle-ci, et très bornée, sur l'œil seul. — Les autres raisons pour lesquelles l'œuvre d'art nous élève plus facilement que la réalité à la conception d'une idée (platonicienne) sont exposées dans le deuxième volume de mon ouvrage principal[1].

La considération précédente a pour corollaire la suivante — en vertu de laquelle il faut comprendre de nouveau la forme au sens géométrique. Les eaux-fortes et les gravures noires révèlent un goût plus pur et plus élevé que les dessins en couleurs et les aquarelles, qui plaisent au contraire davantage aux gens moins cultivés. La raison en est évidemment que les représentations en noir donnent la *forme* seule, en quelque sorte *in abstracto* ; or, la conception de celle-ci, nous le savons, est intellectuelle, c'est-à-dire une chose de l'intelligence intuitive. La couleur, au contraire, est uniquement une perception de l'organe sensoriel, et, en outre, d'un arrangement tout spécial de celui-ci (divisibilité qualitative de l'activité de la rétine). A ce point de vue, on pourrait comparer les eaux-fortes coloriées aux vers rimés, les noires aux vers simplement métriques, selon la relation entre les unes et les autres que j'ai données dans mon ouvrage principal[2]. 209

Si les impressions que nous subissons dans notre jeunesse ont tant d'importance et si, à l'aurore de notre vie, toute chose s'offre à nous d'une façon tellement idéale et transfigurée, cela provient de ce qu'alors l'individu nous initie encore à son espèce, toute nouvelle pour nous, et qu'en conséquence chaque individu représente son espèce pour nous. Nous y saisissons donc l'*Idée* (platonicienne) de cette espèce, à laquelle la beauté, comme telle, est essentielle. 210

Le mot allemand *schön* (beau) est incontestablement apparenté au mot anglais *to show* (montrer), et par conséquent est *showy*, visible, *what shows well*, « ce qui se montre bien », se comporte bien, bref, ce qui

---

1. *Le Monde comme volonté et comme représentation*, Supplément au Livre III, chap. XXX, trad., pp. 1093-1103, « Du pur sujet de la connaissance ». **2.** *Ibid.*, chap. XXXVII, trad., pp. 1160-1178 : « De l'esthétique de la poésie ».

frappe la vue, et ce qui est, par conséquent, l'expression claire des idées (platoniciennes) importantes [1].

« Pittoresque » (en allemand *malerisch*) signifie au fond la même chose que « beau » : cette expression est en effet appliquée aux choses qui se présentent de telle façon qu'elles proclament clairement l'idée de leur espèce ; elle convient pour ce motif à la représentation du peintre, en tant qu'elle est orientée vers la mise en relief des idées qui constituent l'objectif dans le beau. 211

La réunion de la beauté et de la grâce de la forme humaine est la manifestation la plus visible de la volonté à son plus haut degré d'objectivation, et par conséquent la plus haute fonction de l'art plastique. En attendant, comme je l'ai dit (*Le Monde comme volonté et comme représentation*, volume I, §. 41) [2], toute chose naturelle est belle : par exemple, tout animal. Si cela ne nous semble pas évident pour quelques animaux, c'est parce que nous ne sommes pas en état de les considérer d'un point de vue purement objectif, et de saisir ainsi leur idée, nous en sommes détournés par quelque inévitable association de pensées, le plus souvent par une ressemblance qui s'impose à nous, par exemple, celle du singe avec l'homme, en conséquence de laquelle nous ne saisissons pas l'idée de cet animal, mais y voyons seulement la caricature de l'être humain. De la même façon semble agir la ressemblance du crapaud avec la fange et la boue. Cela ne suffit pas, cependant, à expliquer le dégoût sans bornes, même l'effroi et l'horreur qui s'emparent de certaines personnes à la vue de ces animaux, comme

1. D'où, l'idée nietzschéenne de la « belle apparence ». **2.** MVR, III, §. 41, trad., p. 271 : « Chaque chose a pourtant sa beauté propre ; je ne parle pas seulement des organismes qui se présentent sous la forme de l'unité individuelle, mais aussi des êtres inorganiques privés de forme, et même de tout objet artificiel. »

d'autres à celle d'araignées : cela semble être fondé sur une raison beaucoup plus profonde, à la fois métaphysique et mystérieuse. La circonstance qu'on emploie précisément ces animaux pour les cures sympathiques (et les maléfices), c'est-à-dire à des fins magiques, confirme cette opinion. Ainsi on chasse la fièvre à l'aide d'une araignée enfermée dans une coquille de noix, que le malade porte à son cou jusqu'à ce qu'elle soit morte. Ou, en cas de sérieux danger de mort, on met un crapaud dans l'urine du malade, en un vase soigneusement clos, et, juste au coup de midi, on l'enterre dans la cave de la maison. La longue torture infligée à ces animaux exige néanmoins, en vertu de l'éternelle justice, une expiation : ceci explique l'idée complémentaire d'après laquelle celui qui s'adonne à la magie, conclut un pacte avec le diable. 212

La nature inorganique, en tant qu'il ne s'agit pas de l'eau, produit sur nous, en l'absence de tout élément organique, un effet des plus tristes et même angoissant. On peut citer pour exemples les régions n'offrant que des rochers nus, notamment la longue plaine rocheuse aride qui conduit des environs de Toulon à Marseille : mais le désert africain produit en gros un effet beaucoup plus pénible encore. La tristesse de l'impression qu'exerce sur nous la nature inorganique provient du fait que la masse inorganique obéit exclusivement à la loi de la pesanteur, dont la direction donne à tout objet sa place. — Par contre, l'aspect de la végétation nous charme directement et à un haut degré mais d'autant plus, et cela va de soi, qu'elle est plus riche, plus variée, plus développée, plus abandonnée à elle-même. La première raison en est que, dans la végétation, la loi de la pesanteur apparaît comme supprimée, vu que le monde végétal se dresse dans une direction tout opposée : le phénomène vital s'y annonce directement comme un ordre de choses, nouveau et supérieur. Nous-mêmes en dépendons : il nous est apparenté, il est l'élément de notre existence. C'est par lui que s'ouvre notre cœur. C'est donc surtout par son attitude verticale, que le monde végétal nous charme immédiatement ; aussi un beau groupe d'arbres gagne-t-il énormément, quand de son centre s'élancent quelques sapins pointus. Au contraire, un arbre étêté ne produit plus d'effet sur nous ; un arbre contourné en produit déjà moins qu'un arbre droit : les branches pendantes du saule pleureur (en allemand *Trauerweide*, en anglais *weeping willow*), cédant au poids de la pesanteur, ont valu à cet arbre son nom. — Quant à l'eau, la tristesse de son essence inorganique est détruite en partie par sa grande mobilité qui lui donne une apparence de vie, et par ses jeux constants de lumière ; de plus, elle est la première condition de toute vie. — Ajoutons que ce qui nous charme tant, dans l'aspect de la nature végétale, c'est qu'elle nous donne l'impression du repos, de la paix et du contentement ; tandis que la nature animale s'offre à nous le plus souvent à l'état d'agitation, de détresse, même de lutte : c'est pourquoi la première parvient si facilement à nous transporter dans l'état de pure connaissance qui nous délivre de nous-mêmes.

Il est surprenant de voir comment la nature végétale, même la plus banale et la plus insignifiante, se groupe et se déploie aussitôt d'une façon belle et pittoresque, pour peu qu'elle échappe à l'influence du caprice humain : il en est ainsi de tout bout de terre soustrait à la culture et non atteint encore par elle, ne portât-il que des chardons, des épines et les plus vulgaires fleurs sauvages. Dans les champs de blé et de légumes, au contraire, le côté esthétique du monde végétal tombe à son minimum. 213

On a depuis longtemps reconnu que toute œuvre destinée aux fins humaines, par exemple un ustensile, un bâtiment, doit, pour être belle, avoir une certaine ressemblance avec les œuvres de la nature : mais on s'est trompé en pensant que cette ressemblance doit être directe et résider dans les formes ; ainsi, par exemple, que des colonnes doivent représenter des arbres ou même des figures humaines, que des vases doivent rappeler les coquillages, les limaçons ou les calices des fleurs, et qu'on doive voir apparaître partout des formes végétales ou animales. Il vaut mieux que cette ressemblance ne soit pas directe, mais seulement médiate, c'est-à-dire qu'elle réside non dans les formes, mais dans le caractère des formes, qui peut être le même en dépit de la dissemblance complète de celles-ci. Aussi, bâtiments et ustensiles doivent non pas être imités de la nature, mais créés dans l'esprit de celle-ci. C'est le cas lorsque chaque objet ou chaque portion d'objet répond si directement à sa fin qu'immédiatement il la proclame, ce qui arrive quand il l'atteint par la voie la plus courte et la plus simple. Cette adaptation manifeste est le caractère des productions de la nature. La volonté, il est vrai, agit dans ce cas du dedans au dehors et s'est complètement emparée de la matière ; tandis que, dans l'œuvre de l'homme, agissant du dehors, elle atteint son objet et s'exprime par le médium de la perception [1], et même d'une conception de la fin [2] de la chose, puis par la prédominance d'une matière étrangère [3], c'est-à-dire exprimant originairement une autre volonté ; néanmoins, le caractère donné de la production [4] de la nature peut subsister. L'architecture antique le montre dans l'exacte adaptation de chaque partie ou de chaque membre à sa fin directe, que par cela même elle exprime naïvement, et par l'absence de tout ce qui est dénué de but ; sous ce rapport, elle est en opposition directe avec l'architec-

---

1. De façon intéressante, il semble que Schopenhauer s'en remette à la théorie aristotélicienne des quatre causes : *efficiente, formelle, matérielle et finale.* Ici apparaît l'intervention de la cause formelle. **2.** Ici intervient la cause finale, si importante pour Aristote. **3.** Intervention de la cause matérielle. **4.** Intervention de la cause efficiente.

ture gothique, qui doit sa sombre et mystérieuse apparence précisément à ses nombreux enjolivements et accessoires dénués de but, auxquels nous supposons un but inconnu de nous ; ou enfin avec tout style architectural complètement décadent, qui, affectant l'originalité, joue avec les moyens de l'art dont il ne comprend pas les fins, par toutes sortes de détours inutiles et de frivolités arbitraires. Le même jugement s'applique aux vases antiques, dont la beauté consiste en ce qu'ils expriment si naïvement leur destination et leur emploi, et il en est de même de tous les ustensiles des Anciens : ils font sentir que si la nature produisait des vases, des amphores, des lampes, des tables, des chaises, des casques, des boucliers, des cuirasses, etc., ils seraient identiques à cela. Que l'on compare les honteux vases de porcelaine richement dorés, avec le costume féminin et accessoires du temps présent : en échangeant le misérable style rococo contre le style antique, ils ont étalé au jour leur méprisable esprit et se sont imprimé une tache sur le front pour les siècles à venir. Car il ne s'agit pas d'un détail : c'est tout simplement la marque de l'esprit de notre époque. On en a la confirmation dans la littérature actuelle, dans la mutilation de la langue allemande par d'ignorants bousilleurs qui, dans leur impudence, la traitent comme les Vandales font avec les œuvres d'art, et cela impunément. 214

On a très justement nommé l'origine de l'idée fondamentale d'une œuvre d'art la *conception* de celle-ci : car elle est, comme pour l'origine de l'homme, la procréation, le plus essentiel. Et comme celle-ci, bien plus que le temps, elle réclame l'opportunité et la disposition d'esprit. D'ailleurs, en tant qu'élément mâle, l'objet exerce un acte continuel de procréation sur le sujet, l'élément féminin. Cet acte, cependant, n'est fécond qu'à des moments particulièrement heureux et avec des sujets favorisés : quand il en est ainsi, il engendre une nouvelle pensée originale, durable. Et, tout comme dans la procréation physique, la fécondité dépend beaucoup plus de la partie féminine que de la partie masculine : si le sujet se trouve dans une disposition d'esprit réceptive, presque tout objet tombant alors sous son aperception commencera à lui parler, c'est-à-dire à créer en lui une pensée vive, pénétrante et originale. C'est ainsi que parfois la vue d'un objet ou d'un événement insignifiant est devenue le germe d'une œuvre grande et belle ; ainsi, Jakob Böhme [1] fut jeté, par l'aspect soudain d'un vase en étain, dans un état d'illumination, et fut introduit au sein le plus profond de la nature — partout, chaque chose revient finalement à sa propre force ; et de même que nul aliment ni nul remède ne peuvent impartir la vigueur vitale ou la remplacer, aucun livre ni aucune étude ne peuvent suppléer à l'originalité de l'esprit. 215

Un *improvisateur* est un homme qui *omnibus horis sapit* [2], en ce qu'il porte avec lui un magasin complet et bien assorti de lieux communs de tout genre, qui répondent promptement à tous les besoins, selon le cas et la circonstance, et qui débite *ducentos versus stans pede in uno* [3]. 216

Un homme qui entreprend de vivre de la faveur des Muses — j'entends de ses dons poétiques — m'apparaît jusqu'à un certain point comme une fille qui vit de ses charmes. Tous deux profanent, en vue d'un vil gain, ce qui devrait être la libre manifestation de leur âme. Tous deux souffrent d'épuisement, et tous deux finiront en général d'une manière honteuse. Ne dégra-

---

1. Le philosophe et mystique allemand Jakob Böhme (1575-1624) transposa le drame du salut dans une philosophie de la nature, étant donné qu'il concevait la genèse de l'être parfait dans le cosmos. **2.** « Qui est intéressant à toute heure. » **3.** « Deux cents vers, debout sur un seul pied. » D'après Horace (*Saturae*, I, 4, 10), Lucilius dictait souvent deux cents vers, en marchant et donc « sur un pied ».

dez donc pas votre Muse au rang d'une catin, mais que cette strophe soit la devise du poète :

> *Je chante comme chante l'oiseau*
> *Qui demeure sur les branches.*
> *La chanson qui sort de son gosier*
> *Lui est une récompense suffisante.* [1]
>
> Goethe, *Le chanteur*.

Les dons poétiques, en effet, appartiennent aux jours fériés, non aux jours ouvrables de la vie. Même s'ils devaient se sentir un peu opprimés et gênés par une occupation à laquelle le poète est astreint en même temps, ils peuvent néanmoins prospérer à côté d'elle ; car le poète n'a pas besoin, comme c'est le cas du philosophe, d'acquérir beaucoup de connaissances et de savoir ; au contraire, cette occupation aura pour effet de condenser ses dons, tandis que l'excès de loisir et le métier *ex professo* les disperseraient. Il ne sied pas très bien au philosophe, au contraire, pour le motif allégué, d'avoir une autre occupation. Il y a de grands inconvénients, bien connus, à enseigner la sagesse pour de l'argent, et c'est ce qui, aux yeux des Anciens, distinguait le sophiste du philosophe. Aussi faut-il louer Salomon quand il dit : « La sagesse est utile avec un héritage, et aide à jouir du soleil » (*Ecclésiaste*, chap. VII, § 12).

Si nous avons des *classiques* de l'antiquité, c'est-à-dire des esprits dont les écrits traversent les siècles avec l'éclat toujours brillant de la jeunesse, cela provient en grande partie de ce que, chez les Anciens, la composition d'un livre n'était pas une occupation mercenaire : cela seulement explique qu'à côté de leurs

---

1. *Ich singe, wie der Vogel singt, /Der in den Zweigen wohnet. /Das Lied, das aus der Kehle dringt, /Ist Lohn, der reichlich lohnet.* /Goethe, *Balladen* : *Der Sänger*.

bons ouvrages ces classiques n'en ont pas laissés de mauvais, parce qu'ils n'ont pas, comme l'ont fait même les meilleurs des modernes, quand leur esprit s'était évaporé, porté le flegme de celui-ci au marché pour en tirer de l'argent. 217

La *musique* est le véritable langage universel que l'on comprend partout : aussi est-elle parlée, avec beaucoup de sérieux et de zèle, dans tous les pays et à travers tous les siècles, et une mélodie significative et suggestive fait-elle bien vite son chemin autour du globe terrestre ; tandis qu'une mélodie pauvre de sens et qui ne dit rien se tait et meurt bien vite ; cela prouve que le contenu d'une mélodie est très compréhensible. Elle ne parle pas cependant de choses, mais simplement de bonheur et de malheur, les seules réalités pour la *volonté* : voilà pourquoi elle parle tant au cœur, tandis qu'elle n'a rien à dire *directement* à la tête, et c'est un abus que de le lui demander, comme c'est le cas dans toute musique *descriptive*, qu' il faut, pour cette raison, rejeter une fois pour toutes ; si Haydn [1] et Beethoven [2] eux-mêmes ont commis cette erreur, Mozart [3] et Rossini [4] l'ont, à ma connaissance, toujours évitée. L'expression des passions est en effet un point, et la peinture des choses en est un autre.

Même la grammaire de ce langage universel a été réglée de la façon la plus précise, quoique la base n'en ait été posée que depuis Rameau [5]. Par contre, déchiffrer le lexique, je veux dire la signification incontes-

---

1. Le compositeur autrichien Joseph Haydn (1732-1809) porta la forme musicale de la symphonie à sa maturité. **2.** Avec Ludwig van Beethoven (1770-1827), l'art musical devint l'expression d'une recherche spécifique. **3.** Wolfgang Amadeus Mozart (1756-1791) représente l'achèvement suprême de l'art musical au XVIIIe siècle. **4.** Le compositeur italien Rossini (1792-1868) a dominé l'opéra italien du XIXe siècle. **5.** Jean-Philippe Rameau (1683-1764) publia son *Traité de l'harmonie réduite à ses principes naturels* en 1722.

table du contenu de celle-là, rendre saisissable à la raison, ne fût-ce qu'en général, ce que dit la musique, dans la mélodie et dans l'harmonie, et de quoi elle parle, c'est ce qu'on n'a jamais tenté sérieusement avant que je l'entreprisse — ce qui prouve, comme tant d'autres choses, combien peu les hommes sont enclins à réfléchir et à penser, avec quelle légèreté ils traversent la vie ! Leur intention ne cherche partout qu'à jouir, et encore avec la plus petite dépense possible de pensée. Leur nature le veut ainsi. Voilà pourquoi ils apparaissent si comiques, quand ils s'imaginent devoir jouer au philosophe ; comme on le voit chez nos professeurs de philosophie, avec leurs œuvres excellentes et la sincérité de leur zèle pour la philosophie et la vérité. 218

En termes généraux et en même temps populaires, on peut risquer cette affirmation : la musique est la mélodie dont le monde est le texte. Mais cette affirmation ne reçoit son véritable sens qu'à l'aide de mon interprétation de la musique.

Le rapport de l'art musical avec les extériorités spécifiques qui lui sont imposées, texte, action, marche, danse, solennité religieuse ou mondaine, etc., est analogue au rapport de l'architecture en tant qu'art dirigé vers des fins purement esthétiques, avec les constructions réelles qu'elle doit élever, aux fins utilitaires desquelles elle doit chercher à adapter les siennes, tout en se conformant aux conditions que ces dernières lui imposent, pour produire un temple, un palais, un arsenal, un théâtre, etc., qui soit une construction à la fois belle en elle-même et appropriée à sa fin même à travers son caractère esthétique. Dans une sujétion analogue, quoique moins inéluctable, se trouve la musique à l'égard du texte ou des autres réalités qui lui sont imposées. Elle doit avant tout s'adapter au texte, bien qu'elle n'ait nullement besoin de lui, et qu'elle se développe sans lui même beaucoup plus librement ;

mais elle ne doit pas seulement accommoder chaque note à la longueur des mots et à la signification du texte, elle doit entrer dans une certaine homogénéité avec lui et porter le caractère des fins qui lui sont arbitrairement imposées, par conséquent être musique d'Église, d'opéra, militaire, danse, etc. Mais tout cela est aussi étranger à son essence que les fins humaines utilitaires le sont à l'architecture esthétique, toutes deux doivent donc se subordonner aux fins qui leur sont étrangères. C'est presque toujours inévitable en architecture, non pas en musique : celle-ci se meut librement dans le concerto, dans la sonate, et avant tout dans la symphonie, qui est sa plus belle arène, celle sur laquelle elle célèbre ses saturnales.

Tout aussi éloignée, la fausse route dans laquelle notre musique s'est engagée est analogue à celle où se perdait l'architecture romaine sous les derniers empereurs, quand la surcharge des ornements cachait en partie et allait même jusqu'à dénaturer les proportions simples et essentielles : elle fait beaucoup de bruit, comporte beaucoup d'instruments, beaucoup d'art mais peu d'idées claires, profondes et saisissantes. On retrouve dans les compositions vides, insignifiantes et sans mélodie de notre époque, le même goût qui accepte, dans les livres, le style obscur, vacillant, nébuleux, énigmatique, voire même dépourvu de sens, dont l'origine est imputable à la misérable école hégélienne et à son charlatanisme.

Donnez-moi la musique de Rossini qui ne prononce aucune parole ! — Dans la composition actuelle, on accorde plus d'intérêt à l'harmonie qu'à la mélodie ; je suis de l'avis opposé, et je regarde la mélodie comme le noyau de la musique, auquel l'harmonie se rapporte comme la sauce au rôti. 219

Le *grand opéra* n'est pas en réalité une création du pur sens artistique, il dérive plutôt de la notion un peu barbare de l'accroissement du plaisir esthétique grâce à l'entassement des moyens, à la simultanéité d'impressions toutes différentes, et au renforcement de l'effet par la multiplication de la masse des forces agissantes ; la musique, au contraire, comme le plus puissant de tous les arts, est capable à elle seule de remplir complètement l'esprit qui y est accessible ; ses plus hautes productions, pour être dûment comprises et goûtées, exigent l'attention complète et sans partage, par ce moyen l'esprit se donne à elles et se plonge en elles pour saisir à fond son langage d'une intimité incroyable. Au lieu de quoi, au cours de cette musique d'opéra si compliquée, l'œil exerce en même temps une pression sur l'esprit, par suite du spectacle le plus fastueux, des tableaux les plus fantastiques, des jeux de lumières et de couleurs les plus vifs ; et l'esprit est occupé, de plus, par l'affabulation de la pièce. Tout ceci le détourne, le distrait, l'assourdit, et le rend des moins accessible au langage sacré, mystérieux, intime des sons. Aussi les choses de ce genre sont-elles à l'opposé direct des finalités musicales à atteindre. Ajoutons-y les ballets, un spectacle qui vise bien plus souvent la lubricité que le plaisir esthétique, et qui, de plus, par ses ressources bornées et par la monotonie qui en résulte, devient bien vite très ennuyeux et contribue à épuiser la patience, c'est surtout le cas quand la même mélodie de danse, inférieure et pénible, se répète parfois durant plusieurs quarts d'heure jusqu'à fatiguer et émousser le sens musical, au point qu'il n'est plus du tout accessible aux impressions musicales sérieuses et élevées qui suivront.

Quoiqu'un esprit purement musical ne l'exige pas, et que le pur langage des sons se suffise à lui-même, il serait possible d'associer et de subordonner à celui-ci des paroles, et même une action visible, afin que notre intellect perceptif et réflexif, qui ne reste pas volontiers oisif, trouve une occupation aisée et adéquate, moyen par lequel l'attention est même plus solidement fixée sur la musique, et la suit mieux. Une image perceptive est en effet au langage universel des sons, jailli spontanément du cœur, ce que le schéma ou l'exemple est à un concept universel : ces choses-là accroîtront l'impression de la musique. Mais il conviendrait de se tenir à cet égard dans les bornes de la plus grande simplicité, ou l'on irait droit contre le but principal de cet art.

L'excessif entassement des parties vocales et instrumentales dans l'opéra agit, à la vérité, d'une façon musicale ; mais le rehaussement de l'effet, du simple quatuor jusqu'aux orchestres à mille voix, n'est nullement en proportion avec l'accroissement des moyens ; car l'accord ne peut avoir plus de trois notes, quatre dans *un* seul cas, et l'esprit ne peut jamais en saisir un plus grand nombre à la fois, quel que soit le nombre de voix aux octaves les plus différentes qui les émettent ensemble. — A partir de tout cela s'explique comment une belle musique seulement à quatre voix peut nous émouvoir parfois plus profondément que tout l'*opera seria* dont elle nous donne la quintessence — tout comme un dessin nous frappe parfois davantage qu'un tableau à l'huile. Ce qui, cependant amoindrit l'effet du quatuor, c'est que l'extension de l'harmonie, c'est-à-dire l'espace de deux octaves ou d'un plus grand nombre entre la basse et la dernière des trois voix supérieures lui fait défaut, tandis que cette extension, depuis les profondeurs de la contrebasse, est toujours au service de l'orchestre, dont l'effet, pour cette raison, est même incroyablement accru quand un orgue puissant, atteignant le point le plus bas d'audibilité, y joue constamment la basse fondamentale, comme c'est le cas dans l'église catholique de Dresde. C'est seulement ainsi que l'harmonie produit tout son effet. — En résumé, la simplicité, qui est habituellement attachée à la vérité, est une loi essentielle de tout art, de toute beauté, de toute représentation intellectuelle ; il est tout au moins toujours dangereux de s'écarter d'elle.

Donc, on pourrait, au sens strict, qualifier l'opéra d'invention antimusicale à l'usage des esprits antimusicaux, auxquels la musique doit être imposée par un intermédiaire qui lui est étranger, comme, par exemple, une fade histoire d'amour avec ses délayages poétiques saugrenus : car une poésie condensée, parlant à la pensée et à l'esprit, un texte d'opéra ne la supporte pas ; la composition, en effet, ne peut y atteindre. Mais prétendre faire de la musique l'esclave soumise d'une méchante poésie, c'est là une erreur dans laquelle Gluck surtout est tombé, lui dont la musique d'opéra, si l'on en excepte les ouvertures, est insupportable sans les paroles. On peut aller jusqu'à dire que l'opéra est devenu le fléau de la musique. Non seulement, en effet, cette dernière doit se plier et s'assujettir à la marche et aux incidents irréguliers d'une fable dépourvue de goût, non seulement l'esprit est détourné de la musique et distrait par la magnificence puérile et barbare des décors et des costumes, par les voltiges des danseurs et par les jupes courtes des danseuses : mais, de plus, le chant lui-même trouble souvent l'harmonie, en ce que la *vox humana* qui, prise musicalement, est un instrument comme tout autre, ne veut pas se coordonner et s'ajuster aux autres voix, mais prétend dominer absolument. En vérité, quand il s'agit de soprano ou d'alto, la chose va très bien ; dans une telle qualité, la mélodie s'y adapte par essence et par nature. Mais, dans les solos de basse et de ténor, la mélodie déterminante appartient le plus souvent aux instruments élevés ; le chant se comporte alors comme une voix indiscrète, harmonique seulement en elle-même, qui veut étouffer la mélodie. Ou bien l'accompagnement est transporté en contrepoint au registre supérieur, tout à fait contre la nature de la musique, pour attribuer la mélodie au ténor ou à la basse, l'oreille n'en suit pas moins constamment les plus hautes notes, c'est-à-dire l'accompagnement. Je suis réellement d'avis que les solos avec accompagnement d'orchestre conviennent seulement à l'alto ou au soprano ; par conséquent, les voix d'hommes ne devraient être employées qu'en duos avec celles-là, ou dans les morceaux à plusieurs voix ; à moins qu'elles ne chantent sans aucun accompagnement, ou simplement avec celui d'une basse. La mélodie est le privilège naturel des voix les plus élevées, et doit rester telle — aussi, quand, dans un opéra, un air de soprano suit un air forcé et artificiel de baryton ou de basse, nous sommes heureux de constater aussitôt sa conformité avec la nature et l'art. Si de grands maîtres, comme Mozart et Rossini, ont su atténuer ce fâcheux état de choses et même en triompher, cela ne le supprime pas.

Une jouissance beaucoup plus pure que l'opéra, c'est ce que nous procure la messe chantée, parce que les paroles n'en sont pas d'ordinaire perçues, ou sont réduites, par la répétition sans fin des Alléluia, Gloria, Eleison, Amen, etc., à un pur solfège[1] dans lequel la musique, retenant seulement le caractère ecclésiastique général, se déploie librement et ne se trouve pas influencée sur son propre terrain, comme dans le chant d'opéra, par de misérables incidents de toute sorte ; elle peut, pour cette raison, développer ici librement toutes ses forces, n'ayant pas le triste caractère puritain ou méthodiste de la musique d'Église protestante, qui rampe toujours sur le sol, comme la morale protestante, mais s'élançant en toute liberté avec les grands coups d'aile d'un séraphin. La messe et la symphonie seules donnent une jouissance musicale complète et sans mélange ; tandis que, dans l'opéra, la musique se torture elle-même misérablement avec le drame creux et sa pseudo-poésie, et cherche à s'accommoder autant

---

1. Exercice de chant virtuose.

que possible du fardeau étranger qu'on lui a imposé. Le mépris moqueur avec lequel le grand Rossini a parfois traité son texte n'est peut-être pas des plus louables, mais il est authentiquement musical. — Quoi qu'il en soit, le grand opéra qui, par sa durée de trois heures, émousse de plus en plus notre sens musical, tandis qu'en même temps la marche de tortue d'une action d'ordinaire très fade met notre patience à une rude épreuve, le grand opéra est, de sa nature, essentiellement ennuyeux ; ce défaut ne peut être évité que par la supériorité incomparable de l'exécution : aussi, dans cet ordre d'idées, les chefs-d'œuvre seuls sont-ils acceptables, et tout ce qui est médiocre doit-il être rejeté. On devrait tâcher également de concentrer et de contracter en quelque sorte davantage l'opéra, pour le limiter autant que possible à *un* acte et à la durée d'*une* heure. En toute connaissance de cause, on avait recouru à Rome, à l'époque où je m'y trouvais, au Théâtre della Valle, au mauvais expédient consistant à faire suivre chaque acte d'opéra d'un acte de comédie. La plus longue durée d'un opéra devrait être de deux heures ; celle d'un drame de trois heures, parce que l'attention et l'effort d'esprit exigés par celui-ci durent plus longtemps en s'imposant beaucoup moins à nous que l'intarissable musique qui, à la fin, devient une torture nerveuse ; pour cette raison, le dernier acte d'un opéra est, en règle générale, un martyre pour les auditeurs, et un plus grand encore pour les chanteurs et les musiciens ; on pourrait croire, à ce moment, qu'on se trouve devant une nombreuse assemblée réunie en vue d'une pénitence poursuivie avec obstination jusqu'à la fin, et au terme de laquelle chacun aspire en secret depuis longtemps — à l'exception des déserteurs.

L'ouverture doit nous préparer à l'opéra, en annonçant le caractère de la musique, aussi bien que le cours de l'action ; toutefois, cela ne doit pas se faire trop explicitement ni trop clairement, mais, au contraire, d'une façon un peu vague, comme on prévoit en songe la suite des événements à venir. 220

Un *vaudeville* est comparable à un homme qui parade en habits achetés au hasard chez les brocanteurs : chaque pièce a déjà été portée par un autre, pour lequel elle avait été faite et auquel elle seyait : on voit très bien que ces pièces ne forment pas un ensemble. — Un vaudeville est analogue aussi à une jaquette d'Arlequin faite de haillons détachés de l'habit d'honnêtes gens et cousus ensemble — une vraie honte musicale qui devrait être interdite par la police. 221

Il vaut la peine de remarquer qu'en musique la valeur de la composition dépasse celle de l'exécution, tandis que dans la tragédie c'est exactement le contraire. Ainsi, une excellente composition, représentée d'une façon médiocre, mais suffisamment claire et correcte, donne beaucoup plus de plaisir qu'une mauvaise composition représentée d'une façon excellente. Au contraire, une mauvaise pièce de théâtre, donnée par des acteurs remarquables, produit plus d'effet que la meilleure pièce jouée par des bousilleurs.

La fonction d'un comédien est de représenter la nature humaine sous ses faces les plus diverses, en mille caractères tout à fait différents, tous basés, néanmoins, sur le fond commun de *son* individualité donnée une fois pour toutes, et qui ne disparaîtra jamais entièrement. A ce compte, il doit être lui-même un spécimen distingué et tout à fait complet de la nature humaine, en tout cas nullement le spécimen défectueux ou dégénéré qui semble, pour employer l'expression d'Hamlet, « n'avoir pas été créé par la nature elle-même, mais par quelques-uns de ses manœuvres »[1]. Quoi qu'il en soit, un acteur représentera d'autant mieux un caractère, que celui-ci se rapproche davantage de sa propre individualité, et, avec plus de perfec-

1. *Hamlet*, 3, 2.

tion que tout autre, celui qui est en rapport avec celle-ci ; aussi le plus méchant acteur a-t-il toujours un rôle qu'il joue à merveille, car il y apparaît comme un visage vivant parmi des masques.

Pour être un bon acteur, il faut trois conditions : 1° avoir le don de pouvoir retourner son dedans au-dehors ; 2° posséder assez d'imagination pour concevoir si vivement des circonstances et des événements fictifs qu'ils émeuvent l'âme ; 3° être pourvu d'intelligence, d'expérience et d'instruction, à un degré qui vous rend capable de comprendre comme il convient les caractères et les faits humains. 222

Ce que nos esthéticiens modernes, fades, creux, boursouflés et écœurant de douceur, proclament à l'unanimité depuis un demi-siècle comme le thème universel de la tragédie, le « combat de l'homme contre le destin », a pour prémisse la liberté de la volonté, cette marotte de tous les ignorants, ainsi que l'impératif catégorique dont les fins morales, ou commandements doivent être accomplis en dépit du destin ; chose dans laquelle lesdits Messieurs trouvent leur édification. De plus, ce prétendu thème de la tragédie est une idée ridicule parce qu'il serait le combat avec un adversaire invisible contre lequel, par conséquent, chaque coup serait porté dans le vide, et dans les bras duquel on tomberait en tentant de l'éviter, comme ce fut le cas de Laïus et d'Œdipe. En outre, le destin[1] est tout-puissant, et combattre contre lui serait la plus sotte des audaces, ce qui a fait dire très justement à Byron :

1. À juste raison, Schopenhauer réunit le thème de la tragédie avec celui du destin. Il a traité les rapports de la volonté et de la destinée dans la première des dissertations publiées dans ce volume, *Spéculation transcendante sur l'apparente préméditation qui règne dans la destinée de chacun.*

To strive, too, with our fate were such a strife
As if the corn-sheaf should oppose the sickle. [1]

Shakespeare comprend de même la chose :

Fate, show thy force ; ourselves we do not owe ;
What is decreed must be, and be this so ! [2]

lesquels vers (dits à propos), entendus très rarement, gagnent à être traduits :

Destin, montre ta puissance ; nous ne disposons pas de nous-mêmes,
Ce qui est décrété doit être, et que cela soit !

Chez les Anciens, la conception du destin est celle d'une nécessité cachée dans l'ensemble des choses, qui, sans aucune considération pour nos désirs et nos prières, pour nos fautes ou nos mérites, conduit les affaires humaines et entraîne par son lien secret les choses, en apparence indépendantes les unes des autres, pour les mener où elle veut ; de sorte que leur apparente coïncidence fortuite est, au sens élevé, nécessaire. Or, comme en vertu de cette nécessité tout est prédéterminé (*fatum*), la pre*science* des choses est possible aussi par les oracles, les voyants, les songes, etc. [3]

La Providence [4] est le destin christianisé, en d'autres termes le destin transformé en l'intention d'un Dieu dirigé vers le bien du monde. 223

En ce qui concerne la finalité esthétique du chœur dans la tragédie, je considère : premièrement, qu'à côté de l'opinion que les personnages principaux troublés

---

1. « Lutter contre notre destinée serait une lutte /Semblable à celle de la gerbe de blé contre la faucille. » /*Don Juan*, chant V, strophe 17. **2.** Cf. *La Nuit des rois*, acte I, derniers vers. **3.** Cette opinion est aussi celle de Schopenhauer. **4.** Autre définition dans *Spéculation transcendante...*

par la tempête des passions ont des choses celle de la réflexion, calme et désintéressée, élève aussi la voix, et, deuxièmement, que la morale essentielle de la pièce, étalée successivement *in concreto* à travers l'action, soit en même temps exprimée par-delà cette action *in abstracto*, et conséquemment d'une façon brève. En agissant de cette manière, le chœur ressemble à la basse en musique, qui nous permet d'entendre, en accompagnement perpétuel, la note fondamentale de tout accord de progression. 224

De même que les stratifications du sol nous montrent dans leurs couches, qui conservent pendant des siècles innombrables la trace d'une courte existence, les formes vitales d'un monde primitif disparu, de même les Anciens nous ont laissé dans leurs *comédies* une image fidèle et durable de leur vie joyeuse et de leur activité, une image si nette et si exacte qu'ils semblent avoir voulu léguer, à la postérité la plus reculée, au moins une peinture durable de la belle et noble existence dont ils déploraient la rapidité. Si nous remplissons à nouveau de chair et d'os, en représentant sur la scène Plaute[1] et Térence[2], ces enveloppes et ces formes qu'ils nous ont transmises, la vie animée d'un passé si lointain se ranime, fraîche et gaie, sous nos yeux, de même qu'une fois lavés les antiques pavés en mosaïque reprennent l'éclat de leurs vieilles couleurs.

L'unique comédie allemande véritable, procédant de la nature et de l'esprit de la nation, et qui la représente, comprend, à l'exception de la pièce isolée de *Minna*

---

1. Poète comique latin, acteur et directeur de troupe, Plaute (?-184 av. J.-C.) écrivit environ 130 pièces. **2.** Poète comique latin, Térence (190-159 av. J.-C.) est l'auteur de pièces intitulées *L'Eunuque*, *La Belle-Mère*, *Le Bourreau de soi-même*, *Phormion*.

von Barnhelm[1], les drames d'Iffland[2]. Les caractères de ces pièces sont, comme ceux mêmes de la nation qu'elles dépeignent si fidèlement, plus moraux qu'intellectuels ; tandis qu'on peut dire le contraire des comédies françaises et anglaises. Les Allemands sont si rarement originaux qu'on ne devrait pas, lorsque d'aventure ils démentent ce jugement, tomber aussitôt sur eux, comme l'on fait Schiller[3] et les Schlegel[4], qui ont été injustes envers Iffland et sont même allés trop loin contre Kotzebue[5]. De même, aujourd'hui, on se montre injuste à l'égard de Raupach[6], tandis qu'on garde ses applaudissements pour les bouffonneries de misérables bousilleurs.

Le drame en général, en tant que le miroir le plus complet de l'existence humaine, offre une triple gradation dans sa manière de la saisir, et conséquemment d'exposer ses desseins et ses prétentions. Au premier degré, le plus fréquent, il ne se préoccupe que de l'intéressant : les personnages obtiennent notre sympathie,

---

1. Lessing (1729-1781) publia en 1763 cette pièce, considérée comme la première comédie allemande, inspirée de la vie et des mœurs de la nation allemande. Goethe jugea *Minna von Barnhelm* comme étant la première œuvre importante empruntée à des événements contemporains. **2.** Né à Hanovre, Auguste-Wilhelm Iffland (1759-1814) fut engagé comme acteur à vingt ans au théâtre de Mannheim. Il écrivit une soixantaine de drames bourgeois. En 1796, le roi Frédéric-Guillaume III le nomma directeur du grand théâtre de Berlin. Il fut l'ami de Goethe et de Schiller. **3.** Johann von Schiller (1759-1805) défendait l'idée d'une histoire universelle, écrite au-dessus des nations, du point de vue des progrès accomplis par l'humanité. **4.** Il s'agit des frères August Wilhelm (1767-1845) et Friedrich (1772-1829) von Schlegel qui étaient critiques et philologues. **5.** L'écrivain allemand August Friedrich Ferdinand von Kotzebue (1761-1819) fut un espion politique russe ; il fut poignardé par l'étudiant allemand, Karl Sand (1795-1820). **6.** Ernst Benjamin Salomo Raupach (1784-1852) est un dramaturge déjà cité par Schopenhauer dans *Ecrivains et style*. Auteur d'une tragédie, il est surtout connu pour la pièce populaires intitulée, *Le Meunier et son enfant* (1835).

en poursuivant leurs propres fins, analogues aux nôtres, l'action procède au moyen de l'intrigue, des caractères et du hasard ; l'esprit et la plaisanterie assaisonnent le tout. — Au second degré, le drame devient sentimental : la pitié pour les héros, et indirectement pour nous-mêmes, est excitée ; l'action devient pathétique ; mais, au dénouement, elle redevient calme et satisfaisante. — Au degré le plus haut et le plus difficile, on vise le *tragique* : les cruelles souffrances nous sont présentées, la misère de l'existence, et la vanité de tout effort humain est ici le résultat final. Nous sommes profondément émus, et le dégoût de la volonté de vivre est provoqué en nous, soit directement, soit en tant que la note harmonique accompagnatrice.

Quant au drame à tendance politique, coquettant avec les caprices momentanés de l'aimable populace, ce produit favori de nos littérateurs du jour, je n'en parle naturellement pas : de pareilles pièces sont, dès l'année suivante, souvent aussi mortes que de vieux almanachs. Mais cela ne trouble pas le littérateur ; l'appel à *sa* Muse ne renferme en effet qu'une prière : « Aujourd'hui, donne-nous notre pain quotidien ! »

Tout commencement est difficile, dit-on. En matière de théâtre, c'est cependant le contraire : toute fin est difficile. Cela est confirmé par les drames innombrables dont la première moitié marche assez bien, mais qui ensuite se gâtent, s'arrêtent, hésitent, spécialement dans le maudit quatrième acte, puis finalement se perdent dans un dénouement, ou forcé, ou non satisfaisant, ou prévu depuis longtemps par chaque spectateur, parfois même révoltant, comme celui d'*Emilia Galotti*[1], et qui provoque une véritable irritation. Cette difficulté du dénouement provient, en partie, de ce qu'il est toujours plus facile d'embrouiller les choses que de les débrouiller ; en partie, du fait qu'au début nous lais-

1. Pièce de Lessing, rédigée en 1761 et publiée en 1772.

sons « carte blanche »[1] au poète, tandis qu'à la fin nous formulons certaines exigences ; à savoir, que le dénouement soit ou complètement heureux, ou complètement tragique, tandis que les choses humaines ne prennent pas aisément une tournure si décisive ; ensuite, ce dénouement doit se produire naturellement et logiquement, sans recherche, et aussi sans être prévu par qui que ce soit. — Il en est de même de l'épopée et du roman ; la nature plus compacte du drame rend seulement la chose plus apparente, en augmentant la difficulté.

Le *E nihilo nihil fit*[2] s'applique aussi aux beaux-arts. Les bons peintres font poser pour leurs tableaux historiques des hommes véritables et prennent pour leurs têtes des visages réels tirés de la vie, qu'ils idéalisent ensuite sous le rapport de la beauté ou du caractère. Les bons romanciers, je le crois, font de même : ils basent les personnages de leurs fictions sur des êtres humains réels de leur connaissance, qui lui servent de schémas qu'ils idéalisent et complètent conformément à leurs vues.

La tâche du romancier n'est pas de raconter de grands événements, mais de rendre intéressants les petits.

En conséquence, un roman sera d'un ordre d'autant plus élevé et plus noble qu'il dépeint davantage la vie *intérieure* que la vie *extérieure*. C'est là le signe caractéristique de toutes les gradations du roman, depuis *Tristram Shandy*[3] jusqu'à l'histoire la plus grossière et la plus riche en hauts faits d'un chevalier ou d'un brigand. *Tristram Shandy*, à la vérité, n'a pour ainsi dire pas d'action ; mais combien celle de la *Nouvelle Héloï-*

1. En français dans le texte. **2.** « Rien ne se fait de rien. » Cf. Lucrèce, *De rerum naturae*, I, 545. **3.** *Vie et opinions de Tristram Shandy* (1760-1767) est l'œuvre en 9 volumes de l'écrivain anglais Laurence Sterne (1713-1768).

se[1] et de *Wilhelm Meister*[2] est restreinte ! *Don Quichotte*[3] lui-même en a relativement peu, et cette action, très insignifiante, tend à la plaisanterie : or, ces quatre romans sont la couronne du genre. Si l'on considère maintenant les merveilleux romans de Jean-Paul[4], on voit combien de vie intérieure se déroule sur la base de la vie extérieure la plus étroite. Même les romans de Walter Scott[5] ont un excédent considérable de vie intérieure sur la vie extérieure, et en vérité la dernière n'apparaît jamais qu'en vue d'amener la première ; tandis que dans les mauvais romans, au contraire, elle existe pour elle-même. L'art consiste à mettre dans le plus fort relief la vie intérieure au moyen du plus petit déploiement possible de vie extérieure : car la vie intérieure est proprement l'objet de notre intérêt. 228

Je confesse sincèrement que le haut renom de la *Divine Comédie* me semble exagéré. L'excessive absurdité de la conception fondamentale est évidemment une des fortes raisons de mon jugement, en suite de quoi le côté le plus répulsif de la mythologie chrétienne est, dès le début de l'*Enfer*, mis crûment devant nos yeux : en outre, l'obscurité du style et des allusions joue son rôle :

---

1. Jean-Jacques Rousseau (1712-1778) a publié *La Nouvelle Héloïse* en 1761. **2.** C'est à partir d'une ébauche datant de 1777 que Goethe écrivit et acheva en 1796 *Les Années d'apprentissage de Wilhelm Meister*. **3.** Ayant commencé en 1600 son chef-d'œuvre *Don Quichotte*, Cervantès (1547-1616) commença à le publier en 1605. **4.** L'écrivain allemand Johann Paul Friedrich Richter, dit Jean-Paul (1763-1825), commença par écrire une littérature satirique qui resta sans écho. Il devint céèbre avec son chef-d'œuvre, *Titan*, en 6 volumes (1800-1803). **5.** L'écrivain écossais Walter Scott (1771-1832) connut la faveur du public avec son roman *Waverley* en 1814.

Omnia enim stolidi magis admirantur amantque,
Inversis quæ sub verbis latitantia cernunt[1].

Par ailleurs, la brièveté et l'énergie, souvent laconiques, de l'expression, et, plus encore, l'incomparable force d'imagination de Dante[2], sont au plus haut degré admirables. Grâce à celle-ci, il imprime à la description des choses impossibles une vérité réaliste apparentée à celle du rêve : ne pouvant avoir aucune expérience de ces choses, il semble que, pour avoir su les peindre en traits si vivants et si exacts, il a dû les voir en songe. — D'un autre côté, que dire quand, à la fin de XIe chant de l'*Enfer*, Virgile[3] décrit l'apparition du jour et le coucher des étoiles, en oubliant qu'il est en enfer, sous la terre, et que c'est seulement après avoir visité ce lieu, qu'il en sortira pour revoir les étoiles (*quindi uscire, a riveder le stelle*) ? On retrouve la même faute à la fin du XXe chant. Devons-nous supposer que Virgile porte une montre, et sait en conséquence ce qui se passe à tel moment donné dans les cieux ? Pour moi c'est un *lapsus* beaucoup plus sérieux que celui concernant l'âne de Sancho Pansa qu'a commis Cervantès.

Le titre de l'œuvre de Dante est très original et frappant, il ne permet guère de douter qu'il soit ironique. Une comédie ! Le monde, en vérité, serait cela : une comédie pour un Dieu dont l'insatiable désir de vengeance et la cruauté étudiée se repaîtraient, au dernier acte, de la torture, sans fin et sans but, de créatures qu'il a par désœuvrement appelées à l'existence, et cela parce

1. « Car les imbéciles admirent et aiment davantage tout ce qu'ils voient caché sous des expressions figurées. » Cf. Lucrèce, *De rerum naturae*, I, 641 et suiv. 2. Dante Alighieri (1265-1321) écrivit la *Divina Commedia* à partir de 1311, et jusqu'à sa mort. Y sont intimement consignées son évolution spirituelle ainsi qu'une allégorie politique. 3. Le poète latin Virgile (70-19 av. J.-C.) composa ses *Bucoliques* à l'imitation des idylles du poète grec Théocrite (315-250 av. J.-C.). Il représente la voix de la raison poétique à laquelle Dante obéit pour juger les vivants et les morts.

qu'elles n'ont pas tourné selon ses vues et que, dans leur courte vie, elles ont agi ou cru autrement qu'il ne lui plaisait. En regard de sa cruauté inouïe, tous les crimes d'ailleurs châtiés si durement dans l'*Enfer* ne vaudraient pas qu'on en parlât ; lui-même serait infiniment pire que tous les diables que nous y rencontrons, car ceux-ci n'agissent que sur son ordre et en vertu de son plein pouvoir. Aussi Père Zeus déclinera-t-il l'honneur d'être identifié sans plus de cérémonie avec lui, comme cela arrive étrangement en plusieurs endroits (par exemple, XIVe chant, vers 70 ; XIIIe chant, vers 31), jusqu'à être poussé au ridicule dans le *Purgatoire* même (VIe chant, vers 118) : *O sommo Giove, che fosti in terra per noi crocifisso !*[1] Que dirait de cela Zeus ? — Ω πόποι[2] ! Ce qui produit aussi un effet extrêmement répulsif, c'est le caractère russo-slave de la soumission de Virgile, de Dante et de tout un chacun à ses commandements, ainsi que l'obéissance tremblante avec laquelle ses oukases[3] sont partout reçus. Et cet esprit slave est porté si loin par Dante lui-même dans sa propre personne (XXXIIIe chant, vers 109-150) qu'il en vient à manquer totalement à l'honneur et à la conscience dans un cas qu'il raconte en s'en glorifiant. Honneur et conscience, du reste, ne comptent plus pour lui dès qu'ils interfèrent avec les cruels décrets de Domeneddio[4] ; d'où, sa promesse, nette et solennelle, en vue d'obtenir une confession, de verser une petite goutte de soulagement dans une de ces tortures imaginées et cruellement exercées par celui-ci ; après que le torturé eut rempli la condition stipulée par Dante, le poète, ouvertement et cyniquement, rompt sa parole *in majorem Dei gloriam*[5]. Il agit ainsi, parce qu'il considère que le moindre adoucissement de la peine imposée par Dieu, même consistant simplement,

---

1. « Ô suprême Jupiter, Toi, qui, pour nous sur terre, as été crucifié ». **2.** « Grands dieux ! » Mot à mot : « Ô douleur ! » **3.** Prescriptions. **4.** « Le Seigneur Dieu ». **5.** Pour la plus grande gloire de Dieu.

comme ici, à essuyer une larme figée, quoique cela ne fût pas expressément défendu, est chose interdite ; il omet donc de le faire, quoiqu'il l'ait promis et juré solennellement l'instant précédent. Il se peut qu'au ciel ce soient là les habitudes qui y sont glorifiées : je l'ignore. Mais, sur terre, celui qui agit ainsi est un coquin. — On voit ici, soit dit en passant, combien est défectueuse une morale qui n'a pas d'autre base que la volonté de Dieu ; puisque, aussi rapidement que la transformation des pôles d'un électro-aimant, le mal peut devenir le bien, et le bien le mal. — Tout l'*Enfer* de Dante est, à vrai dire, une apothéose de la cruauté, et, dans l'avant-dernier chant, le manque d'honneur et de conscience est encore célébré.

Ce qui est vrai en tous lieux,
Je le dis sans rien craindre[1].

Au reste, la chose serait, pour les créatures, une *Divine Tragédie*, et, en vérité, sans fin. Bien que le prologue de celle-ci puisse être çà et là plaisant, il est d'une brièveté imperceptible, comparé à la durée infinie de la partie tragique. On ne peut s'empêcher de penser que, chez Dante lui-même, se cache une secrète satire du bel ordre du monde que nous voyons ; autrement, il faudrait être pourvu d'un goût tout particulier, pour prendre plaisir à peindre des absurdités révoltantes et de perpétuelles scènes de bourreau.

Pour moi, mon bien-aimé Pétrarque[2] dépasse tous les autres poètes italiens. Nul poète au monde ne l'a surpassé en profondeur et en intensité de sentiment, et la façon directe dont il exprime celui-ci va droit au cœur. Aussi ses sonnets, triomphes et canzones me plaisent-ils infiniment plus que les farces fantastiques

---

1. « *Was eben wahr ist allerorten, /Das sag' ich mit ungescheuten Worten* » Goethe. **2.** Le poète italien Pétrarque (1304-1374), admirateur de Cicéron et de Virgile, chanta son amour pour Laure.

de l'Arioste[1] et les horribles grimaces de Dante. Le flux naturel de sa langue, venant droit du cœur, me parle aussi tout autrement que le laconisme étudié et même affecté de Dante. Il a toujours été le poète de mon cœur et il le restera. Que l'hyperexcellent « temps présent » commence à rabaisser le renom de Pétrarque, cela me confirme dans mon jugement. On peut obtenir la preuve bien superflue de celui-ci, si l'on compare Dante et Pétrarque pour ainsi dire dans leur déshabillé, c'est-à-dire dans leur prose, en rapprochant les beaux livres si riches de pensées et de vérités de celui-ci, *De vita solitaria*[2], *De contemptu mundi, Consolatio utriusque fortunæ,* etc., en y ajoutant ses lettres, de la scolastique stérile et ennuyeuse de celui-là. — Quant au Tasse[3], pour finir par lui, il ne semble pas digne de prendre la quatrième place à côté des trois grands poètes de l'Italie. Essayons d'être justes en tant que postérité, si nous ne pouvons l'être comme contemporains. 229

Que chez Homère[4] les choses reçoivent toujours les épithètes qui leur appartiennent nettement et absolument, mais non celles qui sont en rapport ou ont une analogie avec ce qui précède, qu'ainsi les Achéens soient toujours les « bien armés », la terre toujours « la nourricière vitale », le ciel toujours « le vaste », la mer « couleur de vin », c'est une marque de l'*objectivité* dans laquelle il est unique. Comme la nature elle-même, il laisse les objets inaffectés par les événements

---

1. Le poète italien Ludovico Ariosto, dit l'Arioste (1474-1533), est surtout celèbre pour son *Orlando furioso* (première édition en 1516, éditions remaniées en 1521 et 1532). **2.** Pétrarque, précurseur des humanistes, écrivit aussi en latin, et non seulement des poèmes mais encore des traités philosophiques. **3.** Le poète italien Torquato Tasso, dit le Tasse (1554-1595), acheva *La Jérusalem délivrée* en 1575. **4.** Le poète épique grec Homère est du VIIIe siècle avant Jésus-Christ. Il passe pour l'auteur de l'*Iliade* et de l'*Odyssée*.

humains et les situations humaines. Que ses héros soient joyeux ou affligés, la nature poursuit tranquillement sa marche. Les hommes subjectifs, au contraire, quand ils sont tristes, voient toute la nature sous une couleur sombre, etc. Il n'en est pas ainsi d'Homère.

Parmi les poètes de notre époque, Goethe est le plus objectif, Byron[1] le plus subjectif. Celui-ci ne parle jamais que de lui-même, et jusque dans les genres poétiques les plus objectifs, tels que le drame et l'épopée, il *se* décrit dans le héros.

Quant à Jean-Paul, Goethe est vis-à-vis de lui ce que le pôle positif est au pôle négatif. 230

L'Egmont de Goethe est un homme qui prend la vie facilement, et doit expier cette erreur. Mais, en revanche, cette manière d'être lui fait accepter facilement aussi la mort. Les scènes populaires dans *Egmont*[2] sont le chœur. 231

À Venise, à l'Académie des Beaux-Arts, il y a parmi les fresques transposées sur toile, un tableau représentant les dieux trônant sur les nuages, assis sur des sièges d'or devant des tables d'or, et, au-dessous d'eux, leurs hôtes précipités, pleins de honte, dans les profondeurs de la nuit. Goethe a sûrement vu ce tableau, lorsque, lors de son premier voyage en Italie, il écrivit son *Iphigénie*[3]. 232

L'histoire, contée par Apulée[4], de la veuve à

---

1. Le poète romantique anglais Byron (1788-1824) est l'auteur célèbre du *Pélerinage de Childe Harold* (publication des deux premiers chants en 1812-1814, et des derniers chants en 1816-1818).
2. *Egmont* fut publié, en 1788, pendant la visite de Goethe en Italie, en 1786-1788. Il y eut un autre voyage de Goethe en Italie, en 1790. **3.** Goethe publia *Iphigénie en Tauride* en 1787, alors qu'il séjournait en Italie depuis 1786. C'est une œuvre qui marque le retour à la simplicité antique. **4.** L'écrivain latin Apulée (124-180) est l'auteur du roman *L'Âne d'or*, satire des mœurs de son temps.

laquelle apparaît son mari assassiné à la chasse, est tout à fait analogue à celle d'*Hamlet*[1].

Qu'on me permette d'avancer ici, au sujet de la pièce maîtresse de Shakespeare, une conjecture sans doute très hardie, mais que je désire néanmoins soumettre au jugement des véritables connaisseurs. Dans le célèbre monologue : *To be or not to be*[2], cette expression : *when we have shuffled off this mortal coil*[3], a toujours semblé obscure et même énigmatique, et n'a jamais été bien éclaircie. N'y avait-il pas primitivement : *shuttled off*? Ce verbe n'existe plus. Mais *shuttle* signifie écheveau, et *coil* pelote. Le sens serait donc : « quand nous avons fini de dérouler cette pelote de la mortalité ». Le lapsus était facile. 232a

L'*histoire*, que je rapproche volontiers de la poésie, comme son contraste (ἱστορούμενον-πεποιημένον[4]), est pour le temps ce que la géographie est pour l'espace. Elle n'est donc pas plus que celle-ci une science au sens propre ; vu qu'elle n'a pas pour objet des vérités générales, mais seulement des faits particuliers — à ce sujet voir mon œuvre principale (Volume II, chap. XXXVIII)[5]. Elle a toujours été l'étude favorite de ceux qui aiment apprendre, sans se soumettre à l'effort intellectuel qu'exigent les sciences proprement dites. Mais elle est plus que jamais aimée à notre époque, ainsi que le prouvent les nombreux livres d'histoire qui paraissent chaque année. Celui qui, comme moi, ne peut s'empêcher de voir dans toute histoire toujours la même chose, comme dans le kaléidoscope à chaque tour les mêmes

---

1. *Métamorphoses*, 8, 1-14. **2.** « Être ou ne pas être ». **3.** « Quand nous nous sommes échappés du tumulte de ce monde » **4.** (inventorié-inventé). **5.** Voir *Le Monde comme volonté et comme représentation*, Supplément au livre III, chap. XXXVIII, De l'histoire ; de même ; MVR, III, §. 51. Supplément, III, XXXVIII, trad., p. 1178 : « j'ai longuement montré comment et pourquoi la poésie sert plus que l'histoire à la connaissance de la nature humaine. »

paillettes reparaissent sous d'autres assemblages, celui-là est incapable de partager cet intérêt passionné, sans toutefois le blâmer. Simplement, la tentative de quelques-uns pour faire de l'histoire une partie de la philosophie ou même la constituer tout entière, en s'imaginant qu'elle peut remplacer celle-ci, est une tentative risible et absurde. Une illustration de l'attrait particulier qu'offre l'histoire au grand public de tous les temps, c'est l'examen de la conversation de la société telle qu'elle se déroule dans le monde. Elle consiste, en règle générale, en ce que l'un raconte une chose, l'autre une autre, condition sous laquelle chacun est assuré de l'attention du reste de l'auditoire. Comme là, nous voyons, en histoire, l'esprit occupé exclusivement par les détails les plus singuliers. De même que dans la science, dans toute noble conversation, l'esprit s'élève aussi jusqu'au général. Ce qui toutefois n'enlève pas sa valeur à l'histoire. La vie humaine est si courte et si fugitive, répartie sur des millions innombrables d'individus plongeant, par masses, dans la gueule toujours largement ouverte du monstre qui les attend, l'oubli, que c'est une tâche très méritoire de chercher à sauver du naufrage universel la mémoire de ce qu'il y a de plus important et de plus intéressant, les principaux événements et les principaux personnages.

D'un autre côté, on pourrait considérer aussi l'histoire comme une continuation de la zoologie ; pour la série entière des animaux, il suffit en effet de considérer l'espèce, pour l'homme, qui a un caractère individuel, il est nécessaire d'étudier aussi les individus avec les circonstances individuelles. Il sensuit directement l'imperfection essentielle de l'histoire, car les individus et les circonstances sont innombrables. Dans l'étude de l'histoire, la somme de tout ce que l'on a appris n'est nullement diminuée par ce qu'il reste encore à apprendre. Dans toutes les sciences proprement dites, on peut du moins envisager une connaissance complète. — Si l'histoire de la Chine et de l'Inde était ouverte devant nous, l'infinité de la matière, les erreurs de la route se révéleraient et forceraient celui qui les étudie à voir qu'on doit reconnaître dans l'unité la multiplicité, dans le cas donné la règle, dans la connaissance de l'humanité l'activité des peuples, mais non qu'on doit énumérer des faits à l'infini.

L'histoire, d'un bout à l'autre, ne parle que de guerres, et le même thème est le sujet de toutes les œuvres d'art les plus anciennes comme les plus nouvelles. Or, toute *guerre* a pour origine l'*avidité* ; aussi Voltaire dit-il avec raison : « Dans toutes les guerres il ne s'agit que de voler » [1]. Dès qu'un peuple sent une

---

1. — En français dans le texte. Nous renvoyons à la note de Schopenhauer, dans la dissertation intitulée *Droit et politique*. Cf. *Éthique et politique*, Classiques de la philosophie, *op. cit.*, p. 80, note 5, où nous lisons :

(F) Les conséquences de la négligence de cette règle peuvent se voir en Chine maintenant. Menacé par la rébellion à l'intérieur et par l'Europe à l'extérieur, le plus grand empire du monde reste incapable de se défendre, et doit expier la faute d'avoir cultivé exclusivement les arts de la paix et ignoré ceux de la guerre. Il y a entre les opérations de la nature créatrice et celles de l'homme une analogie particulière, mais non fortuite, qui est fondée sur l'identité de la volonté dans les deux cas. Après que les herbivores eurent pris place dans le monde animal, les carnassiers apparurent, nécessairement les derniers, dans chaque classe d'animaux, pour vivre de ceux-ci, comme de leur proie. Exactement de la même façon, après que des hommes ont arraché au sol, loyalement et à la sueur de leur front, ce qui est nécessaire pour alimenter leur société, arrivent alors une multitude d'individus qui, au lieu de cultiver le sol et de vivre de son produit, préfèrent exposer leur vie, leur santé et leur liberté, pour assaillir ceux qui possèdent leur bien honnêtement acquis, et s'approprier les fruits de leur travail. Ces carnassiers de la race humaine sont les peuples conquérants que nous voyons partout surgir, depuis les temps les plus reculés jusqu' aux plus récents. Leurs fortunes diverses, leurs alternatives de succès et d'échecs, constituent la matière générale de l'histoire universelle. Aussi Voltaire dit-il avec raison : « Dans toutes les guerres, il ne s'agit que de voler » [En français dans le texte. Cf. Voltaire, *La Pucelle*, chapitre 19]. Que les gouvernements qui font ces guerres en aient honte, ils le prouvent en protestant chaque fois qu'ils ne prennent les armes que pour se défendre.

surabondance de forces[1], il assaille ses voisins, en vue de substituer à son propre travail pour vivre le produit du leur, que ce soit simplement le produit actuel, ou, de plus, celui que lui rapportera leur assujettissement. Telle est la matière de l'histoire universelle et de ses faits héroïques. Dans les dictionnaires français, en particulier, le mot « gloire » devrait être inexpliqué au point de vue artistique et littéraire, et les mots « gloire militaire » suivis de cette seule indication : « Voyez *butin*[2] ».

Remarquons incidemment que deux peuples très religieux, les Indous et les Égyptiens, lorsqu'ils sentaient une surabondance de forces, ne semblent pas les avoir employées à commettre des brigandages, ou des actions héroïques, mais à construire des *édifices* qui bravent l'infinité des siècles et honorent leur mémoire.

À cette imperfection essentielle de l'histoire que nous signalons, il faut ajouter que la Muse de l'histoire, Clio, est aussi profondément infectée de mensonge qu'une prostituée du trottoir l'est de syphilis. Sans doute, la nouvelle méthode critique s'efforce de la guérir, mais ne parvient, avec ses explications locales, qu'à supprimer certains symptômes qui apparaissent çà et là, et il s'y mêle encore beaucoup de charlatanisme, qui empire le mal. C'est plus ou moins le cas de toute histoire — l'histoire sainte exceptée, cela va de soi. Je crois que les événements et les personnages de l'histoire ressemblent à ceux de la réalité à peu près comme sont ressemblants en général les portraits des écrivains gravés en tête de leur livre, c'est donc seulement une espèce d'esquisse, qui offre une faible analogie souvent défigurée par un trait faux, et parfois même n'en offre aucune.

---

1. Notons au passage que c'est ce que Nietzsche transposera dans la notion de « Volonté de puissance ». **2.** En français dans le texte.

Les journaux sont les aiguilles à secondes de l'histoire. Seulement, d'ordinaire, outre qu'elles sont de métal moins noble que les deux autres aiguilles, elles vont aussi rarement juste. — Ce qu'on appelle l'« article de fond » constitue le chœur du drame des faits contemporains. — L'exagération de toute sorte est aussi essentielle au journalisme qu'à l'art dramatique : il s'agit en effet d'enfler le plus possible chaque événement. Aussi tous les journalistes sont-ils, par métier, alarmistes ; c'est leur façon de se rendre intéressants. Ils ressemblent en cela aux petits chiens, qui aboient bien fort au plus léger bruit. Il faut donc mesurer l'attention que l'on doit prêter à leur trompette d'alarme, pour qu'elle ne trouble la digestion de personne, et bien se rendre compte que le journal est un verre grossissant, même dans le meilleur cas : souvent, en effet, ce n'est qu'un jeu d'ombres sur le mur.

En Europe, l'histoire universelle continue à être accompagnée d'un cadran solaire chronologique tout particulier, qui permet de reconnaître au premier coup d'œil, par les représentations visibles des événements, chaque décennium : ce cadran est réglé par les tailleurs. (À Francfort, par exemple, en 1856, j'ai reconnu aussitôt comme faux un prétendu portrait de Mozart jeune, parce que le vêtement était antérieur d'une vingtaine d'années.) C'est seulement dans le décennium actuel que le cadran s'est dérangé parce que notre époque n'a pas assez d'originalité pour inventer, comme chaque époque, une mode de vêtement qui lui soit propre, mais elle exhibe simplement une mascarade où l'on se démène, comme un vivant anachronisme, dans toute sorte de costumes depuis longtemps abandonnés. Même la période qui l'a immédiatement précédée eut l'originalité nécessaire pour trouver le frac.

De près, voici ce qu'il en est. De même que chaque homme a une physionomie d'après laquelle on le juge provisoirement, chaque époque en a également une qui n'est pas moins caractéristique. Car l'esprit de chaque âge ressemble à un vent d'est qui pénètre tout. Nous trouvons en conséquence sa trace dans chaque action, chaque pensée, chaque écrit, dans la musique et dans la peinture, dans la floraison de tel ou tel art : il imprime son empreinte à l'ensemble et aux détails ; c'est pourquoi l'époque des phrases dépourvues de sens devait-elle être aussi celle des musiques sans mélodie et celle des formes sans but et sans dessein précis. Tout au plus, les épaisses murailles d'un couvent peuvent opposer un obstacle à l'irruption de ce vent d'est, en supposant qu'il ne les renverse pas. L'esprit d'un temps lui imprime donc aussi sa physionomie extérieure. C'est le style architectural qui y joue toujours la basse fondamentale ; c'est sur lui que se modèlent les ornements, vases, meubles, instruments de tout genre, et même le vêtement, avec la coupe des cheveux et la barbe [1]. L'époque actuelle, par manque d'originalité sur tous ces points, porte, nous l'avons dit, le stigmate de la banalité. Ce qui est le plus déplorable, c'est qu'elle a choisi principalement pour modèle le grossier, stupide et ignorant moyen âge, duquel elle saute, le cas échéant, au siècle de François Ier de France, et même de Louis XIV. Comment son côté extérieur, conservé par des images et par des constructions, s'imposera-t-il à la postérité ! Les vils flagorneurs de la populace dénomment cette époque du nom sonore

---

1. F. La barbe devrait, comme demi-masque, être interdite par ordre de la police. Elle est de plus, comme marque caractéristique sexuelle au milieu du visage, *obscène* : voilà pourquoi elle plaît aux femmes. Elle a toujours été, chez les Grecs et chez les Romains, le baromètre de la culture intellectuelle : chez ceux-ci, Scipion l'Africain fut le premier qui se rasât (cf. Eichhorn, *Historia antiqua* ; Pline, *Histoire naturelle*, livre VII, chap. LIX), et sous les Antonins la barbe se risqua de nouveau. Charlemagne ne la toléra pas ; mais au moyen âge elle triompha jusqu'à Henri IV inclusivement. Louis XIV l'abolit.

caractéristique de « temps présent », comme si le présent κατ᾽ἐξοχήν[1] était un présent qui a été préparé par tout le passé, et finalement atteint. Avec quel respect la postérité considérera-t-elle nos palais et nos villas érigés dans le style *rococo* le plus misérable du temps de Louis XIV ! — Mais elle aura peine à savoir que faire des décalques et des daguerréotypes des physionomies des cireurs de bottes à barbes socratiques, et des dandys en costume de juifs brocanteurs de ma jeunesse.

L'absence de goût, monnaie courante de notre époque, fait aussi que les grands hommes auxquels on élève des monuments y sont représentés en costume moderne. Or, le monument est érigé à la personne *idéale*, non à la personne réelle, au héros comme tel, au porteur de telle ou telle qualité, à l'auteur de telles œuvres ou de telles actions, non à l'homme tel qu'il s'agita dans le monde, avec toutes les faiblesses et tous les défauts inhérents à notre nature : et de même que ceux-ci ne doivent pas être glorifiés, il ne faut pas glorifier davantage son habit et ses culottes. Dressez-le, au contraire, à l'état d'homme idéal dans une forme humaine, vêtu simplement à la manière des Anciens, c'est-à-dire à demi-nu. Dans cet état seul il convient à la sculpture, qui, préoccupée uniquement de la forme, exige la forme humaine complète et pure.

Et puisque j'en suis aux monuments, j'observerai encore le manque de goût choquant, même l'absurdité de placer une statue sur un piédestal de dix à vingt mètres de hauteur, où personne ne peut la voir distinctement, d'autant plus qu'elle est généralement en bronze, c'est-à-dire noirâtre ; vue à distance, en effet, elle ne se détache pas nettement ; et si l'on s'en rapproche, elle s'élève si haut, qu'elle a pour fond le ciel clair qui aveugle les yeux. Dans les villes italiennes,

---

1. Par excellence.

spécialement à Florence et à Rome, les statues se dressent en foule sur les places et dans les rues, mais toutes sur un piédestal très bas, de sorte qu'on puisse bien les voir : il en est de même des colosses du Monte Cavallo[1]. Le bon goût des Italiens s'affirme en cela aussi. Les Allemands, au contraire, aiment un plateau élevé de confiseur, avec des reliefs destinés à illustrer le héros représenté. 233

Mon opinion sur la collection de tableaux de la vieille école des Pays-Bas, réunie par Boisserée[2], et actuellement à Munich, peut trouver place à la fin de ce chapitre d'esthétique.

Une œuvre d'art véritable n'a nullement besoin, pour être goûtée, du préambule d'une histoire de l'art. Cette règle cependant trouve moins son application ici que pour toute autre peinture. Nous ne comprendrons bien, en tout cas, la valeur de ces tableaux, qu'en sachant comment on peignait avant Van Eyck[3] : c'était dans le style importé de Byzance, c'est-à-dire sur fond d'or à la détrempe, les figures dépourvues de vie et de mouvement, raides et rigides, avec de massives

---

1. Place du Quirinal, le Monte Cavallo est orné de statues colossales des Dioscures, Castor et Pollux domptant leurs chevaux, qui décoraient dans l'Antiquité l'entrée des thermes de Constantin, et que le pape Sixte-Quint fit ériger en 1589 devant son palais d'été, qui devint, à partir de 1870, la résidence du roi d'Italie. **2.** Nés à Cologne, les deux frères Boisserée, Sulpice (1783-1854) et Melchior (1786-1851), étaient archéologues et architectes. Ils rassemblèrent une collection très importante de tableaux des primitifs allemands et flamands qu'ils vendirent, en 1827, au roi Louis de Bavière. Sulpice publia *Vues, plans, coupes et détails de la cathédrale de Cologne, avec achèvements d'après le plan du maître architecte* (1821, in-folio). **3.** Les frères Hubert (1366 ?-1426) et Jan (1370 ?-1440) van Eyck sont les fondateurs de l'école flamande de peinture. Ils ont utilisé la peinture à l'huile qu'ils recouvraient d'un vernis. Il ne reste qu'une seule œuvre de Hubert. Les principaux chefs-d'œuvre de Jan sont : *Vierge glorieuse adorée par le chancelier Rollin* (Louvre), *La Vierge à l'enfant*, ainsi que des portraits.

auréoles portant le nom du saint. Véritable génie, Van Eyck retourna à la nature, donna aux tableaux un arrière-fond, aux figures une attitude, des gestes et un groupement vivants, aux physionomies de l'expression et de la vérité, et aux plis de la justesse : il introduisit en outre la perspective, et atteignit en général à la plus haute perfection dans l'exécution technique. Ses successeurs suivirent en partie cette même voie, comme Schoreel[1] et Hemling[2] (ou Memling), et revinrent en partie aux anciennes absurdités. Lui-même avait dû en conserver autant que la manière de voir ecclésiastique le lui rendait obligatoire : il dut, par exemple, encore dessiner des auréoles et de massifs rayons de lumière. Mais on voit qu'il a éliminé autant qu'il pouvait. Il se comporte toujours en combattant avec l'esprit du temps, absolument comme Schoreel et Hemling. Il faut en conséquence les juger en se reportant à leur époque. Celle-ci est responsable du fait que leurs sujets sont en général banals, souvent dépourvus de goût, toujours rebattus, ecclésiastiques, comme, par exemple, « les Trois Rois », « la Vierge mourante », « Saint-Christophe », « Saint-Lucas », représentant la Vierge Marie et tout ce qui l'entoure, etc. C'est de même la faute de leur temps, si leurs figures n'ont presque jamais une attitude ni un air libres, purement humains, mais font habituellement des gestes ecclésiastiques, c'est-à-dire des gestes contraints, étudiés, humbles, rampants de mendiants. — Ajoutez que ces peintres ne connaissent

1. Jan Schoreel, ou Scorel (1495-1562), fut élève de Jean Gossaert (ou de Mabuse, c'est-à-dire de Maubeuge), et acheva son éducation artistique à Nüremberg, dans l'atelier d'Albert Dürer.
2. En fait, l'orthographe du nom hésite entre Memling et Memlinc ; le prénom étant Hans (1433-1494). Il s'agit d'un peintre flamand, bourgeois de Bruges à partir de 1465, qui subit l'influence de Rogier Van der Weyden. Il peignit un *Jugement dernier*, une *Adoration des mages*, ainsi que la *Châsse de sainte Ursule*, son chef-d'œuvre.

pas l'Antiquité ; aussi leurs figures ont-elles rarement de beaux visages, elles ont le plus souvent de laids et jamais de beaux membres. — La perspective aérienne manque, la perspective linéaire est habituellement correcte. Ils ont tout tiré de la nature telle qu'ils la connaissent : aussi l'expression des visages est-elle vraie et honnête, mais jamais très accusée, et aucun de leurs saints n'a dans ses traits une seule trace de cette sainteté sublime et ultra-terrestre qu'on trouve chez les seuls Italiens, avant tout chez Raphaël, sans oublier Corrège [1] dans ses premiers tableaux.

On pourrait juger ainsi objectivement les tableaux en question : ils ont en grande partie la plus haute perfection technique dans la représentation du réel, des têtes aussi bien que des vêtements, ils atteignent presque, sous ce rapport, à la hauteur des Néerlandais du XVIIe siècle. Au contraire, la très noble expression, la très haute beauté et la véritable grâce leur sont restées étrangères. Or, celles-ci constituant le but auquel la perfection technique aspire en tant que moyen, ce ne sont pas des chefs-d'œuvre de premier ordre et on ne peut pas les goûter entièrement : par suite des imperfections signalées, outre la banalité du sujet et les gestes ecclésiastiques constants, quoique ceci doive être mis avant tout sur le compte du temps.

Leur principal mérite, mais seulement chez Van Eyck et ses meilleurs élèves, consiste dans l'imitation la plus trompeuse de la réalité, obtenue par une vue claire de la nature et une application acharnée ; en même temps que dans la vivacité des couleurs — un mérite exclusivement propre à ces peintres. Ni avant eux ni après eux on n'a peint avec de *telles* couleurs : elles sont brûlantes et apportent la plus haute énergie

1. Le Corrège (1494-1534), Antonio Allegri, dit il Correggio, peintre italien, élève de Francesco Bianchi à Modène, fut influencé par Mantegna. Il exécuta son *Couronnement de la Vierge* entre 1520 et 1524.

du coloris. Aussi ces tableaux, après trois siècles et demi, semblent-ils d'hier. Quel malheur que Raphaël et Corrège n'aient pas connu ces couleurs-là ! Elles sont restées le secret de l'école et sont aujourd'hui perdues. On devrait les rechercher par les procédés chimiques. 234

CHRONOLOGIE

1788 : Le 22 février, naissance d' Arthur Schopenhauer, fils d'un riche négociant.

1805 : Après la mort de son père qui, le destinant au commerce, lui avait fait faire de nombreux voyages à travers l'Europe, Arthur Schopenhauer commence des études au lycée de Gotha.

1809-1811 : Arthur Schopenhauer fait des études à l'université de Göttingen, où il suit des cours de philosophie, de sciences naturelles, de médecine. Concurremment, il s'initie à la philosophie orientale, et poursuit des études musicales.

1811-1813 : Il étudie à l'université de Berlin.

1813 : Thèse à l'université d'Iéna, *Ueber die vierfache Wurzel des Satzes vom zureichenden Grunde* (*De la quadruple racine du principe de raison suffisante*).

1814 : Il rompt avec sa mère, qui tenait salon à Weimar et à laquelle il reproche sa vie frivole.

1817-1818 : Schopenhauer compose *Die Welt als Wille und Vorstellung* (*Le Monde comme volonté et comme représentation*).

1819 : Publication, à Leipzig, du *Monde comme volonté et comme représentation*.

1820 : Schopenhauer donne un cours à l'université de Berlin en tant que *Privat-dozent*.

1831 : Il voyage à Florence, Munich et Berlin. L'épidémie de choléra lui fait quitter Berlin.

1833 : Il se fixe définitivement à Francfort, où il demeurera jusqu'à sa mort.

1836 : Publication de : *Ueber den Willen in der Natur* (*Sur la volonté dans la nature*).

1841 : Il publie *Die beiden Grundprobleme der Ethik* (*Les Deux Problèmes fondamentaux de l'éthique)*.

1844 : Réédition du *Monde comme volonté et comme représentation* auquel s'ajoutent les *Suppléments*.

1851 : Il publie *Parerga et paralipomena*.

1859 : Publication de la troisième édition du *Monde comme volonté et comme représentation* avec de nombreux ajouts, provenant des annotations manuscrites de Schopenhauer sur son propre exemplaire.

1860 : Le 21 septembre, mort de Schopenhauer.

BIBLIOGRAPHIE

TEXTES ORIGINAUX

Sämtliche Werke, 16 vol., éd. par Paul Deussen, Munich, Piper & Co, 1911-1942.

Sämtliche Werke, 7 vol., éd. par Arthur Hübscher, 3e éd., Wiesbaden, 1972.

Sämtliche Werke, 5 vol., éd. par Wolfgang Frhr. von Möhneysen, Stuttgart/ Francfort-sur-le-Main, Cotta-Insel, 1960-1965.

Gesammelte Briefe, éd. par Arthur Hübscher, Bonn, Bouvier, 1978 ; 2e éd. complétée, 1987.

Der handschriftliche Nachlasz, éd. par Arthur Hübscher, Francfort-sur-le-Main, W. Krämer, 1966-1975.

Gespräche, éd. par Arthur Hübscher, Stuttgart Bad Cannstatt, Fromann-Holzboog, 1971.

Sämtliche Werke, 5 vol., éd. par Wolfgang Frhr. von Möhneysen, Francfort-sur-le-Main, Suhrkamp, 1986.

TRADUCTIONS FRANÇAISES

De la quadruple racine du principe de raison suffisante, trad. J.A. Cantacuzène, Paris, Germer Baillière, 1892 ; trad. Jean Gibelin, Paris, Vrin, 1946 ; Edition complète (1813-1847), textes trad. et annotés par F.-X. Chenet et introduits par F.X. Chenet et M. Piclin, Paris, Vrin, 1991.

Textes sur la vue et les couleurs, trad. Maurice Elie, Paris, Vrin, 1986.

Le Monde comme volonté et comme représentation, trad. André Burdeau (1888-1890), révisée par Richard Roos, Paris, PUF, 1966.

Le Fondement de la morale, trad. André Burdeau, Paris, Alcan, 1879 ; trad. R.-M. Bastian, Paris, Flammarion, 1932 ; la traduction Burdeau a été rééditée avec une présentation d'Alain Roger, Paris, Aubier, 1978, et Le Livre de Poche, coll. Classiques de la Philosophie, 1991.

Essai sur le libre arbitre, trad. Salomon Reinach, Paris, Germer-Baillière, 1877 ; Alcan, 1884 ; Les Introuvables, 1987.

De la volonté dans la nature, trad. Edouard Sans, Paris, PUF, 1969.

Parerga et paralipomena, traduits sous les titres suivants. *Les Aphorismes sur la sagesse dans la vie*, trad. J.-A. Cantacuzène, revue par R. Roos, Paris, PUF, 1983. *Ecrivains et styles* ; *Sur la religion* ; *Philosophie et philosophes* ; *Ethique, droit et politique* ; *Métaphysique et esthétique* ; *Philosophie et science de la nature* ; *Fragments sur l'histoire de la philosophie* ; *Essais sur les apparitions et opuscules divers* ; 8 vol. trad. par Auguste Dietrich, Paris, Alcan, 1905-1912. *Le Néant de l'existence* (chap. X-XIV des *Parerga et paralipomena*), trad. J. Bourdeau et A. Dietrich, corrigée par Guy Fillion, Le Passeur/Cecofop, Nantes, 1991. *Éthique et politique*, traduction d'Auguste Dietrich, revue et corrigée par Angèle Kremer-Marietti, Introduction, commentaires et notes par Angèle Kremer-Marietti, Paris, Librairie Générale Française, Le Livre de Poche, Collection « Classiques de la Philosophie », 1996.

L'Art d'avoir toujours raison ou dialectique éristique, trad. Henri Plard, Circé, Strasbourg, 1990.

ETUDES SUR SCHOPENHAUER

ABENROTH (Walter), *Arthur Schopenhauer in Selbstzeugnissen und Bilddokumenten*, Hambourg, Rohwolt, 1967.

BOHINC (Thomas), *Die Entfesselung des Intellekts*, Bern, Peter Lang, 1989.

BOSSERT (Adolphe), *Schopenhauer. L'homme et le philosophe*, Paris, Hachette, 1904.

Critique, 1988, n° 499.

DROIT (Roger-Pol) sous la direction de, *Présences de Schopenhauer*, Paris L.G.F., Le Livre de Poche, 1991.

FAUCONNET (André), *L'Esthétique de Schopenhauer*, Paris, Alcan, 1913.

FISCHER (Kuno), *Arthur Schopenhauer*, Heidelberg, 1898.

FRAUENSTÄDT (Julius), *Memorabilien, Briefe und Nachlaßtücke*, Berlin, 1863.

HAMLYN (David), *Schopenhauer. The Arguments of the Philosopher*, Boston/Londres, Routledge and Kegan Paul, 1980.

HÜBSCHER (Arthur), *Schopenhauer-Bibliographie*, Francfort-sur-le-Main, W. Kramer, 1981.

HÜBSCHER (Arthur), *Schopenhauer. Biographie eines Weltbildes*, 2 vol., Stuttgart, Reclam, 1952.

Jahrbuch der Schopenhauer-Gesellschaft, vol. 1-31, 1912-1944.

KREMER-MARIETTI (Angèle), « Éthique et politique schopenhauériennes », également : « Commentaires », in Schopenhauer, *Éthique et politique*, Le Livre de Poche, Classiques de la philosophie, 1996.

Magazine littéraire, janvier 1995, n° 328.

MAGEE (Bryan), *The Philosophy of Schopenhauer*, Oxford, Oxford University Press, 1983.

MEDITCH (Philippe), *La Théorie de l'intelligence chez Schopenhauer*, Paris, Alcan, 1923.

PHILONENKO (Alexis), *Schopenhauer. Une philosophie de la tragédie*, Paris, Vrin, 1980.

PICLIN (Michel), *Schopenhauer ou la tragédie de la volonté*, Paris, Seghers, 1974.

RAYMOND (Didier), *Schopenhauer*, Paris, Éd. du Seuil, 1977.

Revue Internationale de Philosophie, 1988/1, n° 164.

RIBOT (Théodule), *La Philosophie de Schopenhauer*, Paris, Alcan, 1874.

ROGER (Alain), Introduction à la réédition du *Fondement de la morale* (trad. Burdeau), Paris, Aubier Montaigne, 1978.

ROSSET (C), *Schopenhauer, philosophe de l'absurde,* Paris, PUF, 1967.

ROSSET (C.), *L'Esthétique de Schopenhauer*, Paris, PUF, 1969.

RUYSSEN (Théodore), *La Philosophie de Schopenhauer*, Paris, Alcan, 1908.

SANS (Edouard), *Richard Wagner et la pensée de Schopenhauer*, Paris, Klincksieck, 1969.

SANS (Edouard), *Schopenhauer*, Paris, PUF, coll. Que sais-je ? 1990.

Schopenhauer-Jahrbuch, vol. 32 et sq., 1945 sq.

Schopenhauer-Studien, Wien, Passagen, 1989, n° 3.

SCHAEFER (Alfred), *Probleme Schopenhauers*, Berlin, Berlin Verlag, Arno Spitz, 1984

STROM (Harald), *Die Aporien in Schopenhauers Erkenntnistheorie.* Thèse Tübingen, 1984.

WEIMER (Wolfgang), *Die Aporien der reinen Vernunft. Schopenhauers Kritik des Rationalismus*, thèse Cologne, 1967.

YOUNG (Julian), *Willing and Unwilling : A Study in the Philosophie of Arthur Schopenhauer*, Dordrecht / Boston / Lancaster, M. Nijhoff, 1987.

Table

Composition réalisée par NORD COMPO

IMPRIMÉ EN FRANCE PAR BRODARD ET TAUPIN
La Flèche (Sarthe).
LIBRAIRIE GÉNÉRALE FRANÇAISE - 43, quai de Grenelle - 75015 Paris
ISBN : 2 - 253 - 06729 - 6

30/4648/9